삶을 빛내는 정전

삶을 빛내는 정전

김준영 지음

WON BOOK 원불교출판사

삶을 빛내는 일,
어디서부터 시작할 수 있을까요

    사람이 세상에 태어나서 한 생을 살다가 다시 열반의 길을 떠나는 것은 마치 생사의 강을 건너는 일과 같습니다. 수많은 생을 오고 가면서 우리는 헤아릴 수 없이 많은 강을 건너 왔을 것이고, 지금도 그 출렁이는 강물을 마주하며 힘겨운 유영을 계속하고 있죠.

    정말 맨몸으로 강을 건너는 일은 위험하기도 하고 방향을 잘 잡고 가고 있는지조차 두렵고 의문스러울 때가 많습니다. 그래서 눈 밝은 성현들이 배를 마련해 주셨죠. '가자가자 어서가자. 피안으로 건너가자. 깨달음을 성취하자. 완전하게 건너가자' 하시면서 말이죠.

    그래서 어떤 사람들은 선착장에 도착하여 배를 기다리고 있고, 어떤 사람들은 배에는 올라탔지만 배를 조정하는 법이나 방향을 잡지 못해 고전을 하고 있으며, 또 어떤 사람들은 하늘의 별을 보거나 나침반을 보면서 가야 할 곳을 향해 정확하게 나아가고 있죠. 방향을 잡는 정확한 표준이 있고, 실제적인 운전을 통해 원하는 삶을 살며 생사의 강을 건너고 있는 것입니다.

어차피 알 수 없는 인생, 정답이 있는 것은 아니지만 적어도 불필요한 고통은 줄이고, 우리가 원하고 행복한 삶을 살아가야 하지 않을까요? 그래서 그 길이 무엇일까 오랫동안 의문을 갖고 연마를 해왔죠. "과연 무엇이 우리를 행복으로 이끌어주는 것일까?"

결국 마음의 힘이었습니다. 이 마음이 들어서 세상의 각종 상황과 관계와 사건을 보고 경험하고 인식하고 해석하며 우리의 삶을 이끌기 때문이죠. 외부적인 조건이나 환경이 우리 행복의 주된 요소가 아니라는 것입니다. 아무리 같은 조건 하에서도 인식하고 받아들이는 사람 마음에 따라 행불행을 다르게 느끼는 것을 보면 알 수 있죠.

그렇기 때문에 우리는 존재와 실상에 대한 바른 이해를 통해 마음의 힘을 키워야 합니다. 배가 필요하죠. 우리의 짧은 견해와 안목을 넘어서서 세상과 우리 마음의 실상을 제대로 파악하고 원하는 삶을 살아갈 수 있는 지혜의 안목이 필요한 것입니다. "우리는 어디에서 무엇을 통해 그 참된 지혜를 밝혀나갈 수 있을까요?"

멀리 있지 않습니다. 어쩌면 너무 가까이 있어서 미처 그 소중함을 모르는지도 모르죠. 바로 원불교 『정전』입니다. 『정전』은 원불교 교조이신 소태산 대종사께서 깨달음의 안목으로 직접 진리와 우리 마음의 실상을 밝혀 '파란많은 고통의 바다'에서 불필요한 고통을 끝내고 '광대무량한 낙원'으로 함께 가는 길을 일목요연하게 제시하신 경전이죠.

원불교가 이 세상에 온 이유로부터, 원불교 교법이 지향하는 점, 진리란 무엇이며 어떻게 믿고 어떻게 수행해야 하는지, 그래서 결국 우리들이 어떤 표준으로 어떤 삶을 살아가야 하는지에 관해 구체적이고 현실적인 방법이 제시되어 있습니다. 그래서 종교를 위한 교리가 아닌, 참 진리에 대한 이해를 깊이하고 우리 마음을 맑히고 밝혀 삶이 빛나도록 하는 경전이죠.

원불교에 입문하였다 하여 생사의 강을 행복하게 건널 수 있는 배에 올라탄 것이 아닙니다. 이제 겨우 선착장에 도착하여 배를 탈 수 있는 기회를 접했을 뿐이죠. 강을 건너려면 직접 배를 운전하고 출렁이는 물결을 마주하며 한발이라도 나아가야 합니다. 수행이라고 하죠. 교리를 이해하고, 실제 삶 속에서 그 교리에 바탕한 진리를 발견하고, 내 마음을 맑히고 밝히며 삶이 빛나도록 정진하고 노력하는 과정 말입니다. "삶을 빛내는 일, 어디서부터 시작할 수 있을까요?"

원불교 『정전』입니다. 우선 읽고, 연마하고, 직접 실천해보는 수밖에 없죠. 머리로만 생각하지 말고, 글로서만 이해하지 말고,

읽고 연마한 내용들을 삶 속으로 가지고 와서 정말 그러한지 의문하고, 실천에 대조하면서 이해의 깊이를 더해가는 진정한 자기화의 과정을 거치는 겁니다. 경전 속의 교리가 삶 속에서 생생하게 살아 숨 쉬면서 은혜를 발견하고 행복을 생산하며 실제로 삶을 빛내는 거죠.

세상에 공짜는 없습니다. 공들인 만큼 소득이 생겨나는 거죠. 원불교 교리 공부가 어렵다고만 말고, 실제 시간을 들이고 정성을 들여야 합니다. 많은 방법이 있겠지만, 이 책『삶을 빛내는 정전』이 우리의 삶을 환히 빛내고 행복으로 이끌어주는 소중한 기연이 되기를 염원합니다.

또한 끝으로 책이 발간될 수 있도록 이 정전공부를 기획하고 지면을 할애해주신 <원불교 신문>과 그동안 <삶을 빛내는 정전>을 함께 읽고 공감해주신 모든 교도님과 애독자 여러분께 감사의 마음을 전합니다.

2017년원기102 4월

밴쿠버교당 김준영 교무 합장

차례

광대하고 원만한 종교의 신자가 되는 것이 왜 모두가 행복한
낙원을 향해 가는 길일까요? 틈나는 대로 『정전』을 읽으면서
같이 한번 생각해보면 어떨까요?

01

마음 사용 설명서, 『정전』

  원불교인이라면 누구나 한 권쯤 가지고 있을 법한 책이죠. 요즘에는 스마트 기기에 담아 언제 어디서든 펼쳐 볼 수 있는 이 경전은 교조 사후에 제자들에 의해 편찬되는 여느 종교 경전과는 달리, 원불교를 창건한 소태산 대종사께서 살아생전에 직접 기획하고 집필하여 1943년원기28 3월에 『불교정전』이라는 이름으로 세상에 그 첫 모습을 드러냈습니다. 오늘날과 같은 『원불교교전』으로는 1962년원기47 9월에 대종사의 언행록인 『대종경』과 합본 된 이후의 일이죠. 분량이 채 90장도 안 되어 맘먹고 읽으면 1주일이면 충분할 것 같은 이 경전은 무엇일까요?

  『정전』, 바로 원불교 교법이 체계적으로 제시된 교리서이죠. 근원을 밝힌 경전이라 하여 원경元經이라고도 합니다. 이 짧은 분량의 책이 무엇이기에, 대종사께서는 열반을 앞두시고 그렇게 편찬을 서두르셨을까요?

 그것은 바로 이 짧은 경전이 우리 인류의 행불행을 좌우하는 마음에 대한 사용설명서이기 때문입니다. 우리가 행복해지기 위해 소유나 명예, 성공에 대한 추구 등 다양한 방면으로 길을 찾지만, 진정한 행복은 마음에 대한 정확한 이해와 적절한 사용으로 얻어질 수 있죠. 이 『정전』에는 바로 우리 마음의 실체와 그 마음이 작용하는 원리, 그 마음을 마음대로 사용할 수 있도록 길들이는 방법, 나아가서 마음을 어떻게 키우고 넓혀가야 할지에 관한 표준 등이 명시되어 있습니다. 사실 우리 육신의 편리를 도모하는 각종 도구에 대한 사용설명서는 많지만, 정작 우리 행복의 관건이 되는 마음 사용에 대한 이해가 부족하죠. 이런 상황에서 깨달음의 안목으로 어리석은 중생에게 깨우쳐줘야 할 것이 많았던 한 성자가 열반을 감지했을 때는 그 편찬을 위해 얼마나 마음이 급하셨을까요? 성자는 그렇게 바쁘게 떠나시고, 그분이 깨달은 진리와 마음 사용에 대한 설명이 이 『정전』에 담겨 있습니다.

 때가 급하여 이제 만전을 다하지는 못하였으나, 나의 일생 포부와 경륜이 그 대요는 이 한 권에 거의 표현되어 있나니, 삼가 받아 가져서 말로 배우고, 몸으로 실행하고, 마음으로 증득하여, 이 법이 후세 만대에 길이 전하게 하라.

그리하여 너도, 한국인도, 세계인도 모두 행복하게 지내라 하시는 간곡한 당부가 귀에 쟁쟁하게, 가슴에 먹먹하게 와 닿는 듯합니다. 지금 이 순간에도 '마음 사용 설명서' 『정전』은 여러분을 기다리고 있습니다. 한마음 일으켜 손 뻗으면 쉽게 닿을 수 있는 근거리에서 말이죠. 삶의 고통에 직면해 있는 분, 해결해야 할 과제를 안고 계신 분, 지금보다는 나은 삶을 꿈꾸는 분, 다음 생을 준비하시는 분, 무엇보다 지금 당장 행복해지고 싶은 분, 그 모든 여러분을 기다리고 있습니다.

궁금하지 않으세요? 우리 마음의 실체는 무엇이며, 그 마음은 어떻게 작용하는지, 어떻게 그 마음을 잘 사용하여 행복해질 수 있는지. 『삶을 빛내는 정전』을 통해 그 행복의 길로 함께 가지 않으실래요?

원불교의 존재 이유

하루에도 열두 번씩 왔다 갔다 하고, 내 마음이지만 마음대로 잘 안 되는 이 마음을 어떻게 하면 좋을까요? '마음 사용 설명서'로써의 원불교 『정전』은 그 첫 페이지 '개교의 동기'를 통해 우리 마음이 사용되는 현실과 사용할 때의 주안점을 간략하고 명확하게 제시하고 있습니다.

> 물질을 사용하여야 할 사람의 정신은 점점 쇠약하고, 사람이 사용하여야 할 물질의 세력은 날로 융성하여, 쇠약한 그 정신을 항복 받아 물질의 지배를 받게 하므로, 모든 사람이 도리어 저 물질의 노예 생활을 면하지 못하게 되었으니 그 생활에 어찌 파란 고해가 없으리오.

그렇습니다. 대종사님께서 대각의 안목에서 세상을 바라보니,

과학 문명의 발달로 물질적 풍요로 생활은 편리해지고 있지만, 마음은 오히려 더 분주해지고 사람들은 물질적 소유에 대한 욕심이나 집착, 상대적 빈곤감으로 고통받고 있었죠. 이 모든 고통이 어디에서 비롯되는 것일까요?

편리해지고 좋아지는, 그래서 유혹이 많아지는 물질문명의 발달 그 자체가 문제가 아니라 어리석고 약해서 흔들리는 우리의 마음 때문입니다. 욕심과 집착이 클수록 고통스러운 법이죠. 남들이나 세상이 문제가 아니라 내 마음속에 기대나 욕심이 많을수록 실망과 불평, 불만이 많고, 내 생각에 대한 집착이 강할수록 화가 많이 나는 겁니다.

두려움 또한 끝없이 좋아하는 것만 취하고 싫어하는 것을 피하고 싶은 우리의 욕심과 집착의 소산이죠. 결국, 마음이 지혜롭지 못하고 힘이 없어서 욕심이 나고 집착하게 하여 우리를 고통으로 이끌고 힘겹게 합니다. 이 괴로움을 끝내려면 어떻게 해야 할까요?

진리적 종교의 신앙과 사실적 도덕의 훈련으로 정신의 세력을 확장하고, 물질의 세력을 항복 받아, 파란 고해의 일체 생령을 광대 무량한 낙원으로 인도하려 함이 그 동기니라.

진리에 대한 바른 믿음과 그 믿음대로 마음과 삶을 사실적으로 단련하고 익혀서 지혜가 열리고 실천의 힘이 세지게 되면 어떤 환경에도 흔들리지 않는 낙원 생활을 할 수 있게 되죠. 여기에서 눈여겨볼 점은 '광대 무량한 낙원'입니다. 그 크기를 헤아릴 수 없이 넓고 큰 이 낙원은 특정인이나 특별한 계층만이 아니라 모두가 함께 가야 할 행복한 곳이죠. 나만 또는 내 가족만 가는 낙원이 아니라, 다른 사람과 미물, 곤충을 포함한 모든 생명 또한 행복해야 할 낙원입니다. 나를 포함하여서 한 중생도 빠짐없이 고통받는 모든 생명을 행복으로 인도하는 것, 이것이 바로 원불교의 존재 이유기도 하고 우리 마음 사용의 표준이기도 하죠.

한마음을 쓸 때마다 우리는 정신을 차려야 합니다. '어떻게 마음을 써야 나도, 다른 사람이나 생명도, 지금도, 나중에도 행복할 수 있을까?'하고 말이죠. 그리고 알아차려야 합니다. 힘들고 괴롭거나 화가 나고 걱정과 두려움이 밀려온다면 마음이 잘못되고 있다는 것을.

그런데 어떻게 마음을 써야 나도, 남도, 지금도, 나중에도 행복할 수 있을까요? 글쎄요. 한마디로 답하기는 쉽지 않네요. 그래서 우리는 『정전』을 읽습니다. 몰랐던 것을 알아가고, 행복하게 마음 쓰는 법을 배우기 위해. 우리가 『정전』을 읽는 이유죠.

03

원불교 교법의 핵심 가치
- 진리성, 사실성, 원만성 -

대종사께서 원불교를 이 땅에 출현시키면서 가장 소중하게 지키고자 한 가치이자 신념은 무엇이었을까요? 원불교가 불교라고 하면서도 불교의 종파는 아니고 또 하나의 종교인 원불교일 수밖에 없는 고유의 정체성은 어디에서 비롯되는 것일까요?

핵심 가치Core Value라고 하죠. 코어Core, 그러니까 과일이나 사물의 가장 중심에 있어서 핵심이 되고 골자가 되는 어떤 가치가 원불교의 교리와 문화, 제도 등을 형성하는 기반이 되었기 때문입니다. 그것은 <개교의 동기>에 밝혀진 바와 같이 '한 중생도 빠짐없이 광대 무량한 낙원으로 인도하기 위하여', '진리에 대한 믿음'과 '사실적인 수행', 이 3가지 핵심 가치를 어떠한 상황에서도 지속하고 지켜야 할 원불교 교법의 지향점이자 정수로 삼고 있기 때문이라는 것이죠.

<개교의 동기>에 이어지는 <교법의 총설>에서는 이러한 핵심 가치를 원불교 교법의 근간으로 삼은 구체적인 교리 체계가 제시되어 있습니다. '진리적인 믿음'의 대상이자 수행의 표본으로 일원상의 진리가, 그 '진리적인 신앙과 수행'의 대상인 사은과 '사실적인 수행 방법'인 삼학이 제시된 거죠.

이러한 핵심 가치의 비롯은 깨달음의 안목에 입각한 성자의 경륜이기도 하고, 당시 종교계의 아쉬운 현실에 대한 비판적 대안이기도 합니다. 세계의 많은 종교가 세월이 흐름에 따라 모든 부처와 성자의 본의와는 다르게 각종 각파로 나뉘고, 때로는 아예 새로운 종교를 설립하여 서로 다른 제도와 방편을 주장하여 반목과 갈등이 있고, 비교할 데 없이 우수한 교법이라 할 수 있는 불교마저도 출세간 스님을 중심으로 제도가 조직이 되어 일상생활을 하는 일반 신도에게는 맞지 않아 보였죠.

그래서 대종사께서는 '만법을 통하여 한마음을 밝힌다通萬法明一心'는 취지 아래 깨달음의 안목에서 불법을 주체로 하되 모든 종교의 가르침을 통합 활용하여 새로운 종교를 창안하기에 이르렀습니다. 그러다 보니, 어떤 종교의 교의나 취지와도 상충하지 않고, 어떤 대상에게도 적절하며, 어떤 시대와 인심에도 적합한 종교여야 했죠. 어디에도 걸림 없이, 누구에게도 편협하지 않는 크고 원만한 종교여야 했던 겁니다.

우리는 우주만유의 본원이요, 제불제성의 심인心印인 법신불 일원상을 신앙의 대상과 수행의 표본으로 모시고, 천지·부모·동포·법률의 사은四恩과 수양·연구·취사의 삼학三學으로써 신앙과 수행의 강령을 정하였으며, 모든 종교의 교지敎旨도 이를 통합 활용하여 광대하고 원만한 종교의 신자가 되자는 것이니라.

그렇다면 왜 일원상의 진리에 대한 신앙이 원만할까요? 사은 신앙과 삼학 수행은 또 왜 진리적이고 사실적일까요? 어떻게 하는 것이 광대하고 원만한 종교의 신자가 되는 길일까요? 광대하고 원만한 종교의 신자가 되는 것이 왜 모두가 행복한 낙원을 향해 가는 길일까요? 틈나는 대로『정전』을 읽으면서 같이 한번 생각해보면 어떨까요?

04

원불교 동그란 일원상은···

'원불교' 하면 제일 먼저 '동그란 일원상'을 떠올리게 됩니다. 건물 외벽에도, 법당의 한 중앙에도, 원불교 관련된 곳곳에는 이 '동그란 일원상'이 모셔져 있는데요. 원불교에서 '일원상'을 이렇게 소중히 여기는 이유는 원불교 교법과 사상의 근간이 되는 '일원의 진리'를 이해하기 쉽게 동그라미 모습으로 형상화해 신앙의 대상이자 수행의 표본으로 삼고 있기 때문입니다.

대종사께서 깨달은 '일원의 진리'를 이 '동그란 일원상'으로 상징화하여 눈에 쉽게 띄는 곳에 모시고 이 원상을 볼 때마다 '일원의 진리'를 잊지 말고, 그 진리를 깨닫고, 닮아가며, 위력을 얻을 수 있도록 신앙과 수행을 해나가도록 한다는 것이죠.

이 '동그란 일원상'이 원불교의 신앙 수행의 대상이자 표본임이 공식적으로 제시된 것은 원불교 초기교서 중의 하나인 『조선

불교 혁신론』에 '등상불 숭배를 불성 일원상 숭배로 혁신하고자 함'으로 천명함과 아울러 익산 총부 대각전 정면 불단에 최초로 봉안한 1935년원기20의 일입니다. 대종사께서 깨달음을 얻고 초기교단이 시작된 지 상당한 시간이 지난 후였죠.

하지만, 이 일원상에 대한 구상과 언급은 그 이전에도 계속 있었습니다. 대각 직후 "만유가 한 체성이요 만법이 한 근원이로다. 이 가운데 생멸 없는 도와 인과보응 되는 이치가 서로 바탕하여 한 두렷한 기틀을 지었도다"고 하였고, 대각 일성에서는 '한 두렷한 기틀'로, 1919년원기4 김제 금산사 송대에서는 최초의 그림 일원상으로, 1929년원기14 제자들과 남중리 산책 중에는 일원상을 땅에 그려 보이며 우주의 본가임을 언급하곤 하셨죠.

이렇게 수년을 거쳐 원불교 신앙의 대상이자 수행의 표본으로 제시된 원불교의 '동그란 일원상'은 무엇을 나타내고 있을까요?

일원一圓은 우주 만유의 본원이며, 제불 제성의 심인이며, 일체 중생의 본성이며, 대소 유무大小有無에 분별이 없는 자리며, 생멸 거래에 변함이 없는 자리며, 선악 업보가 끊어진 자리며, 언어 명상言語名相이 돈공頓空한 자리로서 공적 영지空寂靈知의 광명을 따라 대소 유무에 분별이 나타나서 선악 업보에 차별이 생겨나며, 언어 명상이 완연하여 시방 삼계十方三界가 장중掌中에 한 구슬같이 드러나고, 진공 묘유의 조화는 우주 만유를 통하여 무시광겁無始曠劫에 은현 자재隱顯自在하는 것이 곧 일원상의 진리니라.

곧 이 세상에 존재하는 모든 것의 근원이자 모든 것 그 자체이
며, 모든 부처님과 성인들이 깨닫고 체득하여 사용하는 그 마음
자리이며, 나를 포함한 모든 중생의 본래 성품을 의미하죠. 말하
자면 세상에 존재하는 유형무형의 모든 것과 그렇게 존재하도록
작용하는 이치, 깨치신 성현의 모든 마음과 아직 깨닫지 못한 우
리 중생 모두의 본래 마음을 나타냅니다.

그러므로 전체적인 하나의 시각에서 보면 모든 분별이 끊어져
생멸거래나 선악업보, 언어나 이름 형상이 모두 텅 비어 버렸고,
경험의 세계에서 전개되는 면면을 보면 선악업보에 분명한 차별
과 언어와 이름이나 형상이 뚜렷해서 손안의 구슬처럼 아주 확
연히 차별적으로 존재하죠. 하지만 이 모든 차별적 현상 또한 그
근원을 들여다보면 늘 같은 총량 속에서 숨었다 드러나는 차이
만 있을 뿐 서로 별개는 아닙니다. 이러한 측면에서 나의 마음을
보고, 세상의 모든 인간관계와 상황들을 한번 보세요. 그간의 우
리 눈이 너무 보이는 것에만, 현실의 이해에만 급급했던 건 아닐
까요? 곳곳에 모셔진 원불교 일원상은 늘 일깨웁니다. 진실을 보
라고, 실체를 보라고 말이죠. 이런 시각으로 원불교의 '동그란 일
원상'을 다시 한번 보세요. 무엇이 보이나요?

05

일원의 진리를 믿는다는 건

   나이가 들수록 우리가 얼마나 다른 세상을 살아가고 있는지 실감하게 됩니다. 물리적으로는 같은 지구 위에 살지 몰라도 실제적으로는 자기가 경험한 세계 내에서, 그것도 각자가 보고 싶고, 듣고 싶고, 믿고 싶은 세상에 한정되어 살아가죠. 그러다 보니, 그 경험과 앎에 얼마나 한계가 많겠어요?

   그런데도 우리는 우리가 아는 것이 전부인 양 착각하며 어떤 신념을 형성해가면서 살아가고 있습니다. 거기다가 새롭게 흡수하는 정보 또한 그저 막연히 그럴 것이라는 대중적인 논리나 검증되지 않은 많은 신념 체계들인 경우가 허다하죠. 어떤 특별한 조치를 하지 않는다면 편협한 시각과 한정된 안목으로 수많은 실수와 오류를 남발하면서 자신도 괴롭고 남도 괴롭히며 살기가 쉽습니다. 어디서부터 무엇이 잘못되었는지 모른 채 말이죠.

그래서 종교가 이 세상에 존재합니다. 역대 모든 성자가 자비 방편으로 '진리'를 역설하고 그 진리적 안목으로 참 행복에 도달할 수 있도록 종교의 문을 열어 인도하셨던 거죠. 그중에서도 원불교는 '일원의 진리'를 믿고 그 진리적 안목으로 참 행복을 열어가도록 합니다. 우리의 어리석고 한정적이고 편협한 신념체계가 아니라 '일원의 진리'로 믿음의 체계를 형성하고 그 시각으로 세상을 보고, 마음을 쓰고, 실천하며 살아가자는 거죠.

그렇다면 원불교에서 '일원의 진리'를 믿는다는 것은 무엇을 어떻게 믿는다는 것일까요?

일원상의 진리를 우주 만유의 본원으로 믿으며, 제불 제성의 심인으로 믿으며, 일체 중생의 본성으로 믿으며, 대소 유무에 분별이 없는 자리로 믿으며, 생멸 거래에 변함이 없는 자리로 믿으며, 선악 업보가 끊어진 자리로 믿으며, 언어 명상이 돈공한 자리로 믿으며, 그 없는 자리에서 공적 영지의 광명을 따라 대소 유무에 분별이 나타나는 것을 믿으며, 선악 업보에 차별이 생겨나는 것을 믿으며, 언어 명상이 완연하여 시방 삼계가 장중에 한 구슬같이 드러나는 것을 믿으며, 진공 묘유의 조화는 우주 만유를 통하여 무시광겁에 은현 자재하는 것을 믿는 것이 곧 일원상의 신앙이니라.

결국, 이 세상 모든 것이 '전체적으로는 하나이자 부처'임을 믿는 것입니다. 우리의 머리카락, 손가락, 팔, 다리가 개별적으로 보면 하나씩 나뉘어 있지만, 전체로서 '아무개'라는 한 마디로 표현될 수 있듯이, 합해보면 '일원의 진리'이고 나눠 볼 때는 천지·부모·동포·법률의 모습으로 한없는 은혜를 베풀고 있는 그 모든 존재 전체를 존중하고 그 위력과 권능을 믿는 것이죠. 세상의 모든 생명 있는 것과 생명조차 없는 모든 것이 위력과 권능으로 은혜를 내려주고 있는 부처임을 알아서 그 특성을 따라 모시고 보호하고 활용한다는 것입니다.

또한, 전체적으로는 생사나 선악 업보나 언어 명상이 늘 함량 그대로여서 변함이 없어 보이지만, 실제적으로는 그 없는 가운데서 인과 보응과 불생 불멸의 이치를 따라 생사나 선악 업보에 따른 죄와 복과 고락, 언어 명상 등의 차별적 현상이 생겨남을 믿는 것입니다. 세상사 모든 일이 우연이나 임의적인 것이 아니라 어기거나 속일 수 없는 인과의 진리에 따른 것임을 믿는 것이죠. 이러한 믿음은 모든 고락을 스스로 책임지고 감수하며, 감사하고 보은하는 태도를 형성하게 합니다.

나아가서 우리 자신 또한 그 본성은 모든 부처님이나 성인들의 마음과 다르지 않은 불성을 지닌 존재임을 믿는 것입니다. 내가 보잘것없는 하찮은 존재라고 믿을 때와 위력과 권능의 부처라고 믿을 때, 우리의 마음가짐이나 태도에는 분명 어떤 차이가 있죠.

원불교 일원의 진리를 믿는다는 건 이런 믿음으로, 이런 신념으로 세상을 산다는 것을 말합니다. 어떠세요? 자신의 한정적인 경험이나 편파적인 정보에 의존하는 것이 아니라, 성현의 깨달은 안목에서 제시한 진리를 믿고 산다는 것, 진리를 접하고 배우며 실천할 수 있다는 건 정말 엄청난 축복이자 은혜가 아닐까요?

06

✿

일원의 진리를 믿는 사람

사람이라면 누구나 행복을 바랍니다. 그런데도 정작 자신이 행복하다고 느끼는 사람은 그렇게 많지 않죠. 그래서 사람들은 종교의 문을 두드리며 그 길을 묻습니다. 우리가 원불교를 다니는 이유이기도 하죠.

그런데 어느 날 깨달았습니다. 원불교에 입문하였다고 해서 '행복으로 가는 기차'에 탑승한 것이 아니라는 것을, 탑승이라기보다는 이제 겨우 기차를 탈 수 있는 역에 도착했을 뿐이라는 걸 말이죠. 명심해야 합니다. '행복'이라는 목적지는 표를 끊고 직접 기차에 올라타서, 중도에 이탈하거나 내리는 일이 없이 실제로 끝까지 함께 가야만 하죠.

행복으로 가는 기차는 많이 있습니다. 전 세계 곳곳의 절이나 교회, 성당이나 교당에서 각종 기차를 준비하고 많은 노력을 하죠. 심지어 종교를 통하지 않고서도 제대로 된 진리적 안목만 갖는다면 누구나 진정한 행복에 다가갈 수 있습니다. 오히려 종교에 입문했다는 사실만으로 방심하여 역에서 헤매느라 정작 기차에는 올라타지도 못하고 시간을 허송하며 불필요한 고통을 장만하는 경우도 허다하죠.

행복은 진리를 믿고 그 이치를 따라 그러한 삶을 살아야만 다가갈 수 있습니다. 그래서 원불교에서는 '일원상을 신앙의 대상으로 하고 그 진리를 믿어서 복락을 구하고자' 하죠. 원불교에 입문했든 하지 않았든 과연 나는 일원의 진리를 믿는 사람일까요? 그 진리를 믿는 사람은 무엇이 믿어지는 것일까요?

무엇보다 인과가 믿어집니다. 세상에 공짜가 없고, 내가 짓지 않은 것을 받을 수 없으며, 지은 것을 피할 수 없다는 거죠. 짓지 않은 요행을 바라거나 지어놓고도 피할 수 있다는 생각이 든다면 진리를 믿는 사람은 아닙니다. 이미 지어서 받게 되는 것은 남을 원망하거나 회피하지 말고 달게 받고 갚지 않으며, 새로운 선한 일을 쌓고 악업을 그치고자 하는 사람이 바로 인과를 믿는 사람이죠.

또한, 내가 부처라는 것이 믿어집니다. 수면 위의 섬들이 멀리서 보면 제각각인 듯 떨어져 보이지만, 수면 아래 깊은 곳에서는 모두가 하나로 이어져 있는 것과 같이 우리 또한 한 명 한 명이 제각각의 육체를 가진 개별적인 존재인 듯 보여도 실상은 크게 하나로 연하여 둘이 아니라는 거죠. 그 둘이 아닌 하나의 존재를 일러 부처라 할 수도 있고, 신이라 할 수도 있는 위력과 권능, 은혜와 사랑, 지혜와 복덕이 충만한 어떤 존재로 믿어진다는 겁니다. 비록 중생과 한 몸이라 때때로 어리석고 욕심과 집착에 흔들리며 희로애락의 경계에 일희일비하며 좌충우돌하기도 하지만, 한마음 문득 돌이키면 지혜와 사랑과 이해가 가득한 부처의 모습으로 돌아올 수 있는 이런 사람은 진리를 믿는 사람이죠. 하지만, 육체에 한정된 자신만을 자기로 알아서 자신과 가족밖에 모르고, 늘 자신과 가족의 안위와 행복만을 생각하여 욕심과 성냄과 시기 질투의 어리석은 중생심만으로 살아간다면 진리를 믿는 사람은 아닙니다.

그리고 내가 부처이듯 내가 만나는 모든 인연 또한 부처라는 것이 믿어집니다. 나를 둘러싸고, 나와 함께 사는 모든 생명과 생명조차 없는 모든 것들과 모든 사람이 부처라 믿어진다는 거죠. 그런 모든 부처에게 공경과 존중과 배려가 있다면 진리를 믿는 사람이고, 내 맘대로 이용하고 조종하려 든다면 진리를 믿지 않는 사람입니다.

끝으로 나를 둘러싸고 관계를 맺고 있는 천지·부모·동포·법률이 끊임없는 은혜로 보살피고 있음이 믿어집니다. 우리가 우리 힘만으로 사는 것 같지만, 사실은 없어서는 살 수 없는 사은의 큰 은혜로 살아간다는 것이 믿어진다는 것이죠. 그런 사실이 믿어진다면 늘 은혜를 많이 입은 자로서 은혜에 보답할 마음으로 살아갈 수밖에 없습니다. 바로 그런 사람은 일원의 진리를 믿는 사람이고, 늘 더 받을 것만, 내 이득 되는 것만 살피는 사람이라면 진리를 믿지 않는 사람이죠.

진리가 믿어지고 진리로 구해야 진정한 행복에 다가갈 수 있을 텐데요. 어떻게 해야 진리가 믿어질까요?

07

일원의 진리가 믿어지려면

내가 부처이며 남도 부처이고, 이 세상 모든 존재가 각각 별개인 듯 보이지만 실제로는 서로 없어서는 살 수 없는 관계입니다. 이 관계는 서로 의지해서 살아가는 큰 한 몸이며, 그 큰 한 몸이 천지의 모습으로, 부모의 모습으로, 때로는 동포의 모습으로, 때로는 법률의 모습으로 언제나 한량없는 은혜로 보살피고 있습니다. 인과의 이치가 너무도 정확하고 밝아서 속일 수도 어길 수도 없다고 밝혀주신 이 진리를 어떻게 하면 믿을 수 있을까요?

평소 우리 생각과는 아주 다르죠. '내가 부처라니, 부처님은 법당에 가야 있는 거 아니야?' '다른 사람도 부처라고?' '크게 보면 우리가 한 몸이라고?'

지금까지 우리는 '나는 나' '너는 너'라는 생각으로 살아왔습니다. 그러다 보니 늘 비교와 시기, 질투 등으로 마음이 요란해지고, 좋은 것은 내가 가지려는 욕심과 집착 때문에 괴로워한 적이 많았죠. 손해 보지 않으려고 신경 쓰고 화나고 속상했던 일은 또 얼마나 많았나요? 작은 은혜나 이로움은 고맙게 여기면서도 크게 은혜 입은 것은 쉽게 잊어버리고 사소한 것에도 불평불만과 원망심이 많았던 것도 사실입니다. 내가 지어놓고도 피할 수 있으리라 생각했고, 짓지 않은 복을 바라며 뜻과 같이 되지 않을 때는 화를 내고 서운함을 느끼기도 했죠.

이런 고통의 삶을 끝내고 지혜와 자비가 가득한 부처의 마음으로 행복하게 살아가려면 지금 우리가 가진 한계와 오류를 극복하고 바른 눈을 가져야 합니다. 눈 밝은 성현들께서 먼저 깨닫고 밝혀주셨으니, 그 진리를 믿음으로 출발해서 실제로 이해하고 경험한다면 우리도 우리가 원하는 삶으로 나아갈 수 있죠.

그런데 진리에 대한 믿음은 특별한 관심과 노력 없이 생겨나지 않습니다. 평소 우리의 생각과는 많이 다르기 때문이죠. 우리가 우리를 중심으로, 우리의 육체적인 한계에 갇힌 채 분별심으로 세상을 보지만 깨달은 성현들은 부분과 전체를 모두 보기 때문에 그러한 진리의 세계가 낯설 수밖에 없죠. 어디에도 끌리거나 가리거나 갇히지 않고 '있는 그대로의 세상' 그 실상을 똑바로 보기 때문입니다. 그렇다고 우리에게 불가능한 일도 아니죠. 우리가 한마음 문득 돌이켜 '나'라는 것에서만 자유롭게 세상을 '있는 그대로' 볼 수 있다면 그게 바로 깨달음이기 때문입니다.

'일원의 진리'에 대한 믿음도 그냥 생겨날 수는 없죠. 믿어지지 않는다고, 어렵다고만 할 일이 아니라, 특별한 관심과 노력으로 알려는 노력이 필요합니다. 이를 수행이라고 하죠. 닦고 실천하기를 수도 없이 하는 거 말입니다.

일원상의 진리를 신앙하는 동시에 수행의 표본을 삼아서 일원상과 같이 원만구족圓滿具足하고 지공무사至公無私한 각자의 마음을 알자는 것이며, 또는 일원상과 같이 원만구족하고 지공무사한 각자의 마음을 양성하자는 것이며, 또는 일원상과 같이 원만구족하고 지공무사한 각자의 마음을 사용하자는 것이 곧 일원상의 수행이니라.

우선, 우리 마음을 좀 살펴봐야겠네요. 원만구족하고 지공무사한 마음은 어떤 마음인지, 어떨 때 이런 마음이 되는지, 이런 마음을 어떻게 기르고 사용하는지 의문을 갖고 우리 마음을 들여다보는 일부터 시작해보면 어떨까요?

08

동그란 저 일원상을 수행의 표본 삼고

종교에 입문했다고 해서 진리가 그냥 믿어지지는 않습니다. 특별한 사람들은 몰라도, 우리는 대부분 나와 내 가족만을 위하려는 욕심이나 검증되지 않은 어떤 세속적 가치, 제한되고 한정적인 자기 경험의 한계에 가리거나 끌리며 오랫동안 살아왔기 때문이죠.

그래서 수행이 필요합니다. 닦고 실행하기를 오래 반복하는 과정을 통해 그야말로 믿음에 의해 믿어왔던 진리가 비로소 이해가 되고 진정한 이해체득와 신념으로 형성되는 거죠. 원불교에서는 저 동그란 "일원상의 진리를 신앙하는 동시에 수행의 표본으로 삼아서 일원상과 같이 원만구족하고 지공무사한 각자의 마음을 알고, 양성하고, 사용하라"고 합니다.

여기서 '원만구족하고 지공무사하다'는 것은 '둥글둥글하게 모난 곳 없이 빠짐없이 갖춰져 있다', '지극히 공평해서 나 자신이나 가족만을 위하려는 사사로움이 없다'는 뜻입니다. 진리에 따라서 보는 우리 본래 마음 상태죠. 육체적으로 한정된 나 자신만을 나로 잘못 인식하고 일으키는 모든 관념과 생각을 떠나 이 세상 전체를 한 몸 한 가족으로 인식하는 큰 나로서 가질 수 있는 마음의 상태인 겁니다. 그렇다면 평소 우리는 이런 마음을 가지고 있을까요? 없을까요? 있다면 언제 이런 마음을 경험할 수 있을까요?

그런데 가만히 우리 마음을 들여다보면 생각보다 자주 이런 마음으로 살아갑니다. 우리 대부분은 특별한 일이 없을 때는 누구나 부처의 성품에 머물죠. 마음이 쉬는 순간 말입니다.

그러다가 눈과 귀와 코와 입과 몸과 마음에 어떤 자극이 와 닿으면 한 마음이 일어나죠. '이익인가 손해인가? 좋은가 싫은가?' 분별의 마음이 일어나는 겁니다. 지극히 나와 내 가족의 이익과 좋은 것을 중심으로 욕심을 일으키고 집착을 일으키죠. 다 갖추어 있다는 원만구족의 심경은 어디로 가고, 부족해서 더 가지려는 '결핍된 마음'이 되고, 지극히 공변되어 사사로움을 떠난 지공무사의 심경이 아니라 나와 내 가족, 친불친에 연연하는 마음이 되는 겁니다.

그리고 우리는 남의 일을 볼 때 원만구족 지공무사의 심경이 되죠. 물론 개인차는 있겠지만, 자신의 문제 앞에서는 가리어져서 보이지 않던 것도 남의 일에 대해서는 객관적으로 환히 볼 수 있죠. 그것은 나의 욕심이나 집착에 가리지만 않으면 누구라도 있는 그대로의 실상에 가깝게 볼 수 있다는 겁니다.

또한, 우리는 무슨 일이든지 일심으로 할 때는 이 마음이 되죠. 책을 읽을 때나 좋아하는 일을 할 때, 처음 하는 일이라 온 마음을 다해서 몰입해야 할 때, 아주 위험하거나 중요한 일이라 정신을 바짝 차려야 할 때는 이런 마음이 됩니다. 또 어떨 때 원만구족 지공무사의 심경이 될까요?

이처럼 우리 마음이 어떨 때 원만구족하고 지공무사해지며, 어떨 때 욕심이 나거나 집착하고, 어떨 때 편견 선입견 고집 등에 가리고 어두워지는지를 찾아보는 일에서부터 수행은 시작됩니다. 남에게 듣거나, 맹목적인 믿음에 의해서가 아니라 스스로 이해하고 경험해가는 수행이 되는 거죠.

곳곳에 보이는 동그란 일원상을 볼 때마다 새로운 화두로 삼아보면 어떨까요? "저 일원상과 같이 원만구족하고 지공무사한 마음이 어떤 마음이지? 어떻게 그 마음을 알고 기르고 양성하지?" 명심하세요. 수행의 시작은 관심입니다.

09

간절히 원하옵건대

종교에 입문하였다 해도 참된 이치를 믿고 그 이치를 따라 마음을 쓰는 일은 쉬운 일이 아닙니다. 진리가 쉽게 믿어지는 것도 아니고, 확고히 믿어지지 않는 낯선 가치를 실천하기는 더욱 쉽지 않기 때문이죠.

그래서 발원이 필요합니다. '그렇게 살아가기를 원하는 마음'을 일으키는 것 말이죠. 살던 그대로 살아가는 것이 아니라, 눈 밝은 성현의 안목으로 제시된 법을 따라 살아가리라는 그 한마음을 일으키는 것 말입니다. 이 큰 서원을 일으키고 지속하는 일이 사실은 마음공부의 시작이자 끝이라 해도 과언이 아니죠.

그러한 발원이 없다면, 아무리 교당을 다니고, 절이나 성당, 교회를 다니더라도 성현들의 본의에는 다가갈 수 없습니다. 그러므로 수행의 문에서는 그 발원을 일으키는 일을 무엇보다 우선시하죠. 실제로 많은 수행자가 수행을 시작할 때에는 스승을 만나게 해달라는 발원부터, 수행에 매진할 수 있기를, 마장이 없기를, 이 수행의 공덕이 일체중생에게 두루 미치기를 등등의 발원을 하며 수행에 매진해 왔습니다.

원불교에도 소태산 대종사께서 직접 제정하신 <일원상 서원문>이라는 전 교도의 공통된 발원문이 있죠. 1938년원기23에 발표된 이 <일원상 서원문>은 원불교 각종 의식에서 독송되며 전교도의 발원을 촉구하며 서원을 진작하고 있습니다.

일원은 언어도단의 입정처이요, 유무 초월의 생사문인 바, 천지·부모·동포·법률의 본원이요, 제불·조사·범부·중생의 성품으로, 능이 성 유상하고 능이성 무상하여 유상으로 보면 상주불멸로 여여 자연하여 무량세계를 전개하였고, 무상으로 보면 우주의 성·주·괴·공과 만물의 생·로·병·사와 사생의 심신 작용을 따라 육도로 변화를 시켜 혹은 진급으로 혹은 강급으로 혹은 은생 어해로 혹은 해생 어은으로 이와 같이 무량세계를 전개하였나니, 우리 어리석은 중생은 이 법신불 일원상을 체받아서 심신을 원만하게 수호하는 공부를 하며, 또는 사리를 원만하게 아는 공부를 하며, 또는 심신을 원만하게 사용하는 공부를 지성으로 하여 진급이 되고 은혜는 입을지언정 강급이 되고 해독은 입지 아니하기로써 일원의 위력을 얻도록까지 서원하고 일원의 체성에 합하도록까지 서원함.

진리란 말로써 설명하기는 어렵습니다. 있다고도 할 수 없고 없다고도 할 수 없는 그 안에서 만물이 나오고 사라지며, 이 세상 모든 것들의 근본이자 그 자체이며, 깨달은 자나 깨닫지 못한 모든 이들의 본래 마음이라고 할 수 있어서 한 마디로 표현하기가 어렵기 때문이죠. 머물러 있는 측면에서 보면 늘 그러하고, 변하는 측면에서 보면 세상 모든 만물이 끊임없이 생겨나고 죽고 사라지며 끊임없이 변하죠. 그리고 그 변화는 누군가의 의도적인 힘에 의해서가 아니라 모든 생명의 심신작용 여부에 따라 진강급이 결정되고, 때로는 은혜에서 해로움이 나오고 때로는 해악에서 은혜가 나오기도 합니다. 그러니 우리 어리석은 중생은 이 진리를 본받아서 몸과 마음을 원만하게 수호하고 사용하며, 사리를 원만하게 아는 공부를 하여 진급이 되고 은혜는 입을지라도 강급이 되거나 해독은 입지 말아서 진리의 위력을 얻고 결국에는 진리 자체에 합일하기를 간절히 원합니다.

결국, 진리를 알아서 우리의 몸과 마음을 잘 지키고 사용하여 은혜와 위력을 입고 나날이 진급해 가고자 하는 발원문인데요. 어떠세요? 이런 간절한 마음이 가슴 깊은 곳으로부터 일어납니까? 그 어떤 가치보다도 소중하게 와 닿나요?

10

수행자의 두 다리

진리적인 삶을 꿈꾸며 한마음을 일으킨 수행자라면 어떻게 수행을 해야 할까요?

무엇보다 수행을 시작하려는 사람들이 특히 주의해야 할 사항 중의 하나는 균형감각입니다. 부처님께서 말씀하신 '중도'나, 대종사님께서 말씀하신 '병행' 사상에서 엿볼 수 있듯이 생활과 수행, 나와 너, 인간락과 천상락에 대한 탄탄한 균형감각은 수행자가 범할 수 있는 각종 오류로부터 안전하게 지켜줄 수 있기 때문이죠.

말하자면 생활을 떠나지 않는 수행이어야 하며, 나의 행복과 마찬가지로 너의 행복도 소중하고, 인간으로서 누리는 물질적 풍요나 명예, 성공도 소중하지만 진리를 믿고 그 이치를 따라 소박하고 바르게 사는 것 또한 가치 있는 일임을 분명하게 인식한다면 이미 수행은 시작된 것입니다.

그러한 균형감각을 가지고 실제적인 수행을 시작할 때에는 수양과 연구라는 두 다리의 힘을 길러야 하죠. 그중에 '닦고 기른다'는 의미의 수양은 우리의 본래 성품을 회복하는데 중요한 의미가 있습니다. 욕심이나 집착으로 끌리거나 흔들리고 화나거나 두려운 그 마음 이전의 본래 마음을 회복하는 거죠.

그러기 위해서는 '나의 이익이나 편의, 내가 좋은 것만 취하고 싫은 것은 피하려는 그 마음'을 내려놓는 일이 핵심입니다. 그 마음을 내려놓기 위해서 여러 가지 방법이 있을 수 있죠. 때로는 그 마음을 흔드는 경계를 피하기도 하고, 때로는 좋다 싫다는 생각이 일어나기 이전의 한마음으로 그일 그 일에 집중하며, 때로는 염불이나 좌선으로 염불 문구나 호흡, 단전 등 하나의 경계에 집중하기도 하고, 때로는 모든 생각을 멈추고 단지 고요히 쉬는 겁니다.

단지 고요히 쉬기만 해도 드러나는 우리의 본래 마음이 왜 그렇게 쉽게 흔들리고 요란해지는 것일까요? 무엇이 우리가 우리 마음을 그렇게 분주하고 흔들리게 하는 걸까요?

'무명無明'이라고 하죠. 밝지 못하기 때문에, 어리석음이라는 어둠에 가려서 환하게 비춰볼 수 없기 때문입니다. 근본적으로 내가 어떤 존재인지를 알지 못하고, 세상을 있는 그대로 보지 못하기 때문에, 육체적으로 이름 붙여진 나와 가족의 안위와 이익과 명예만을 위해 욕심을 부리고 집착을 하기 때문이죠.

그러므로 수양은 어리석음이라는 어둠을 타파하는 지혜와 긴밀한 관계를 갖습니다. '일과 이치를 연마하고 궁구하는' 연구를 통해 밝아진 지혜는 욕심을 내야 할 것과 욕심내지 않아도 될 것을 밝혀주기 때문이죠.

연구의 핵심은 '있는 그대로의 실상'을 보는 일입니다. 나의 실체와 세상의 일과 이치를 내 중심으로 보는 것이 아니라 '있는 그대로' 보는 것이죠. 그러기 위해서는 모든 일을 할 때 그일 그일에서 지혜를 밝히고, 때때로 지도인이나 도반들과 의견을 교환하며, 무슨 일이든지 의문이 드는 일이 생기면 끝까지 그 의문을 해결하도록 노력을 하고, 때때로 일과 이치를 밝혀 놓은 성현의 경전을 읽고 연마하며 지견을 넓혀나가는 겁니다.

이렇게 수양과 연구의 두 다리를 튼튼히 하고, 양 날개에 힘을 실으면 수행자는 비로소 한 마리의 새처럼 창공을 자유롭게 날 수 있죠. 생각만 해도 가슴이 확 트이고 속이 시원합니다. 그렇다면 어떻게 그 날개를 달아야 할까요?

11

수행자의 양 날개

　수행하고 마음공부를 하는 이유는 무엇인가요? 개인마다 많은 이유가 있겠지만, 저의 경우 출가를 하고 공부를 하는 이유는 한마디로 자유죠. 여자로 태어나서 가정사에 얽매이지 말고, 창공을 나는 한 마리 새처럼 자유롭게 살라던 어머니의 출가 권유 영향인지는 몰라도 저는 늘 자유를 꿈꿉니다. 불필요한 고통으로부터의 자유, 욕심이나 어리석음, 업장과 악습에서 벗어날 수 있다면 우리는 얼마나 행복할 수 있을까요?

　철이 없던 출가 초기에는 늘 마음이 급했습니다. 어서 빨리 깨달음을 얻어서 괴로움은 없고 행복만 있는 상태를 애타게 구했죠. 하지만 현실은 늘 도전해야 할 과제와 해결해야 할 숙제로 가득했습니다. 행복하기는커녕 괴로움이 더 컸죠.

'도대체 왜 이렇게 사는 게 힘들지?'

'다른 사람들은 어떻게 사나?'

'행복은 언제 오는 거야?'

'무엇이 문제지?'

'어떻게 하지?'

이 집요한 의문들과 씨름하다 어느 날 문득 깨달았습니다. 고통이 존재하지 않는 삶은 없다는 것, 우리가 벗어나야 할 고통은 뭔가 잘못되어서 발생하는 '불필요한 고통'이지 삶을 지탱하는 데 필요한 적절한 수고로움이 아니라는 것을 말이죠. 그때부터 분명해졌습니다. 마땅히 힘써 행해야 할 영역에서는 아무리 힘이 들어도 해야 하고, 하지 말아야 할 것을 억지로 하려 하거나 욕심이나 집착으로 하려는 데서 비롯되는 불필요한 고통은 충분히 줄여나갈 수 있다는 거죠.

삶은 선택의 연속입니다. 사소하게 어떤 밥을 먹고 옷을 고르는 등 기호의 선택이 아니라 그 선택이 선악으로 갈릴 때는 극히 주의해야 하죠. 해야 할 일은 하고, 하지 말아야 할 일은 하지 말아야 한다는 겁니다.

수행자의 진정한 힘도 바로 이 올바른 취사에서 나오죠. 마음이 두렷하고 고요해서 나와 세상에 대한 균형감각을 가지고 전체와 부분, 지금과 나중에 변화될 상황까지 짐작할 수 있어서 나

중심의 어리석음에 가리거나 나만을 위하려는 욕심에 흔들리거나 집착이 줄어들어서 무엇이 옳고 그르며, 어떤 게 욕심이고 어떤 것이 적절한 것인지에 대한 판단 기준을 갖게 되면 이제 실행이라는 수행의 양 날개를 사용해서 취할 일은 취하고 버릴 일은 버리는 힘으로 자유롭게 날아오르는 겁니다. 몽골 제국 건설의 일등공신이라 할 수 있는 전략가 야율 초재의 명언은 우리가 취할 건 취하고 버릴 건 버리는데 대한 시사점을 주죠.

> 하나의 이익을 주는 것이 하나의 해를 제거함만 못하고興一利不若除一害
> 하나의 일을 만드는 것이 하나를 없애는 것만 못하다生一事不若滅一事

밖으로 선을 행하는 것도 중요하지만, 안으로 스스로의 허물을 고치는 것은 더 소중하고, 해야 할 것을 하는 것도 중요하지만 하지 말아야 할 것을 안 하는 것도 매우 중요하다는 것입니다. 수행이 어렵습니다. 어디서부터 시작해야 할지도 잘 모르겠죠. 그렇다면 자신의 허물을 찾아 고치는 일부터 시작해보면 어떨까요? 밖을 향하던 시선을 거두어 안으로 나 자신의 허물을 찾아서 진지하게 고쳐나가는 거죠. 수고로움 없는 자유는 없습니다. 취할 것은 취하고 버릴 것은 버리는 수고로움과 노력이 있어야죠. 여러분은 지금 무엇을 취하고 무엇을 버려야 할까요?

12

잘 하고 있는 걸까요

공부를 오래 했다는데 오히려 자기밖에 모르고 불행한 사람들이 있습니다. 수행 표준을 잘못 잡았기 때문이죠. 무슨 일이든지 열심히 하는 것보다 잘하는 것이 중요하죠. 종교가에서는 바른 법과 스승에게 줄 맞는 믿음과 수행을 강조합니다. 그래야만 순리적이고 균형적인 시각으로 행복해지기 때문이죠.

원불교에는 마음공부의 표준이 정확히 제시되어 있습니다. 바로 동그란 일원상과 같은 마음으로 일원상을 닮은 일거수일투족의 삶을 살아나가는 거죠. 그렇다면 어떤 마음이 일원상을 닮은 마음이고, 어떻게 하는 것이 일원상을 닮은 삶일까요?

『정전』 '일원상 법어'에 구체적으로 밝혀져 있습니다.

이 원상圓相의 진리를 각覺하면 시방 삼계가 다 오가吾家의 소유인 줄을 알며, 또는 우주 만물이 이름은 각각 다르나 둘이 아닌 줄을 알며, 또는 제불·조사와 범부·중생의 성품인 줄을 알며, 또는 생·로·병·사의 이치가 춘·하·추·동과 같이 되는 줄을 알며, 인과보응의 이치가 음양상승陰陽相勝과 같이 되는 줄을 알며, 또는 원만구족한 것이며 지공무사한 것인 줄을 알리로다. 이 원상은 눈과 귀와 코와 입과 몸과 마음을 사용할 때에 쓰는 것이니 원만구족한 것이며 지공무사한 것이로다.

수행을 잘해서 진리를 깨닫게 되면 이 세상을 하나의 집안 삼게 됩니다. 결혼이나 혈연으로 맺어진 부부, 형제, 자녀, 친척만이 내 가족이 아니라 세상 모든 인류와 생명을 내 가족으로 여기게 되는 거죠. 그들의 행복이 나의 행복이고, 그들의 아픔이 나의 아픔이 됩니다.

하나의 가족뿐만이 아닙니다. 사실 모든 존재는 하나의 몸으로 둘이 아니죠. 개별적으로는 각각 독립된 이름을 갖지만, 전체로는 하나입니다. 마치 코끼리 귀, 꼬리, 몸통이 각각의 명칭을 갖고 있지만 크게 보면 한 마리 코끼리이듯이, 또는 바다에 떠 있는 섬들이 별개의 섬으로 보이지만 수면 아래에서는 결국 서로 연결된 하나이듯이 말이죠.

이 하나의 가족, 하나의 몸 전체를 우리 안에서 찾아보면 바로 본래 마음입니다. 깨달은 모든 부처와 성현의 마음이자 깨닫지 못한 모든 사람과 생명의 본래 마음이죠. 그 모습을 한눈에 볼 수는 없지만 생생하게 살아서 늘 끊임없는 변화와 작용이 일어나고 있는 실체인 겁니다.

또한, 모든 생명의 생로병사 변화 또한 일회적인 것 같지만, 춘하추동 사시 순환하는 것처럼 끊임없이 거래하며 윤회하고, 오고 감에서 차별된 모습은 음양상승과 같은 인과의 이치에 따라 정확하게 이루어지는 응보의 결과죠. 세상의 모든 차별적 모습이 누군가의 직권에 의해서가 아니라 지은 바대로 윤회하고 순환한다는 겁니다.

그러므로 이 세상 모든 존재와 현상이 비록 온갖 차별적 모습을 띠고 있지만, 편파적이거나 불충분하지 않고 원만구족하고 지공무사한 변화의 과정에 있을 뿐입니다. 세상 자체는 문제가 없다는 거죠. 바라보는 입장에 따라 이해와 시비가 갈릴 뿐입니다.

수행을 잘하는 사람은 이와 같은 진리를 그대로 체 받아서 눈, 귀, 코, 입, 몸과 마음을 원만구족하고 지공무사하게 사용하는 사람입니다. 공부하고 계신가요? 몸과 마음을 원만구족하고 지공무사하게 사용하려고 노력하고 있다면 잘하고 계신 겁니다. 다른 사람이 공부 안 하는 것이 보인다고요? 공부의 표준을 점검해야 할 시점입니다.

13

마음을 열고 눈을 크게 뜨고 보면

살아갈수록 세상은 크고 나는 작다는 사실을 절감하게 됩니다. 그 짧은 소견으로 손익을 계산하고 좋고 싫음을 분별하여 좋은 건 더 가지려, 싫은 건 피하려 하니 걱정과 두려움, 괴로움과 불만족이 끊일 날이 없죠.

저 또한 그랬습니다. 잘살아야 한다는 한 생각에 바쁘고 숨 가쁜 시절을 보낸 적이 있었죠. 무슨 일이든지 당장 해결하지 않으면 안 될 것처럼 무리하고, 공금을 아낀다는 명분으로 인색하게 굴면서, 싫은 소리 듣지 않으려고 철저하게 준비하고 일 처리를 하려다 보니 주위 사람들에게도 본의 아니게 요구하는 것이 많았습니다.

"아니, 준영 교무는 며칠 살다가 죽을 사람처럼 왜 그렇게 호흡이 가빠요? 길게 보고 가세요."

보다 못한 상관의 조언에도 불구하고 그때까지는 뭐가 잘못되었는지조차 몰랐죠. 세월이 흐르고 마음에 여유를 찾게 되면서 비로소 사람마다 다른 마음의 크기와 안목으로 세상을 살아감을 깨닫게 되었습니다. 크고 넓게 볼수록 마음이 여유롭고 넉넉해진다는 것이지요. 마치 비행기를 타고 하늘에서 내려다보면 '개미집 같은 저곳에서 뭘 그리 아등바등하고 사는가?' 싶듯이 말입니다. 이처럼 우리의 많은 불안과 고통, 상심과 분노 등은 우리의 안목에 크게 좌우되죠. 욕심이 많거나 집착이 강하고, 어리석을수록 전모를 못 보고 자신의 짧은 소견으로 일희일비하는 겁니다.

하지만 마음을 열고 눈을 크게 뜨고 보면 있는 그대로의 세상 전모가 보이죠. 전모를 보아야 우리는 보다 지혜롭고 원만하고 넉넉해집니다. 전모는 어떤 모습이며, 어떻게 해야 우리는 전모를 볼 수 있을까요? 1941년원기26 1월 소태산 대종사께서는 후세에 법을 전하는 게송의 형태로 화두를 던져주십니다.

유有는 무無로 무는 유로 돌고 돌아 지극至極하면
유와 무가 구공俱空이나 구공 역시 구족具足이라.

있는 것은 없어지고, 없던 것이 생겨납니다. 이렇게 돌고 도는 변화가 끊임이 없으니 있다고도 할 수 없고 없다고도 할 수 없죠. 뭐라고 말할 수는 없지만, 끊임없는 변화와 함께 이 세상이 충만하니 꽉 찼다고도 할 수 있죠. 이게 무슨 뜻입니까? 무슨 말인지 잘 모르겠죠? 그러니 이 자리는 말로 이해하려 하기 보다는 관조로써 깨쳐 얻어나가야 합니다. 들어서 아는 것이 아니라 경험으로 이해해야 한다는 거죠.

이 세상은 한순간도 머물러 있지 않습니다. 세상사 모두 스쳐가는 바람이죠. 그 바람 또한 좋고 나쁨을 쉽게 판단할 수 없습니다. 때로는 은혜에서 해악이 나오기도 하고, 때로는 해악에서 은혜가 나오기 때문이죠. 그러므로 우리가 할 수 있는 일은, 좋고 나쁜 것에 집착하여 좋은 것을 가지려 욕심부리고 싫은 것을 피하려 두려워할 것이 아니라, 단지 '온전한 마음'으로 '할 수 있는 최선을 다할 뿐'입니다. 정답은 없죠.

그래서 성현들은 '평상심'을 말씀하셨습니다. 좋다고 다 좋은 것이 아니고, 나쁘다고 모두 나쁜 것이 아님을 아셨던 거죠. 눈을 크게 뜨고 마음을 열면 크고 작은 경계에 너무 일희일비하지 않아도 됩니다. 눈앞의 이해에 너무 전전긍긍하지 않고, 어려운 일을 당하더라도 희망을 잃지 않죠. 즐거운 일을 당해도 교만하지 않고 보은을 생각하게 됩니다. '광풍은 아침 내내 불지 않고, 폭우는 온종일 내리지 않는 법'이니까요.

14

내 힘으로 사는 것 같지만

며칠 전 태풍의 영향으로 밴쿠버 곳곳에 나무가 부러지고 전선이 끊기면서 정전이 되고 신호등이 꺼져서 차량정체가 이어졌습니다. 갑작스러운 정전은 이미 너무나 전기 의존적인 현대인이 전기가 나간 채로 집 안에서 할 수 있는 일이 별로 없다는 것을 자각하게 했죠. 그나마 차가 있으니 불이 들어오는 동네로 가서 핸드폰을 충전하고, 인터넷도 연결해서 해야 할 업무를 처리하면서 많은 생각을 했습니다.

우리가 우리 힘으로 사는 것 같지만, 사실은 어느 것 하나 내 힘만으로는 되지 않죠. 너무나 당연하게 여겨왔던 먹고, 입고, 살고, 사용하는 그 모든 것이 결국 타인이나 다른 생명에게서 제공받는 것들입니다. 심지어 산소나 물, 햇빛 등이 없으면 아예 생명을 이어가기가 어렵죠.

원불교에서는 이렇게 '없어서는 살 수 없는 관계'로 우리의 삶을 가능하게 하는 존재를 사은으로 제시합니다. 천지, 부모, 동포, 법률의 은혜로운 존재들이죠. 생각해 보세요. 하늘의 공기와 땅의 바탕, 해와 달의 밝음과 풍운우로風雲雨露의 혜택, 생멸 없는 천지의 은혜가 없다면 우리의 삶이 어떻게 될까요? 하늘과 땅이 없고, 깜깜한 어둠 속에 숨조차 쉴 수 없으며, 마실 물도 없고 일용할 양식이 되는 식물이나 동물조차 생존할 수 없는 환경. 생각해 본 적도 없고 상상도 안 되죠. 다행히 우리는 거대한 천지자연 덕분에 무한히 제공되는 땅과 공기와 빛과 물과 각종 산물의 은혜로 생명을 보전하며 살아갈 수 있습니다. 이 얼마나 감사한 일인가요?

낳고 기르고 보호하며 사람의 의무와 책임을 가르쳐 인류 사회로 지도해 주신 부모의 은혜가 없다면 우리는 또 어떤 모습일까요? 태어나지 못해 허공을 맴돌고 있을 수도 있고, 태어났다고 해도 사람 몸을 받지 못해 축생의 몸으로 부자유할 수도 있죠. 다행히 사람 몸을 받았다 하더라도 부모님의 애정이 어린 보살핌이나 옳고 그름에 대한 교육이 없다면 건강한 몸과 마음으로 자라기는 어렵습니다. 이때 제대로 배우지 못하면 성장하면서 대가를 지급하며 스스로 배우게 되죠. 정말 일생을 통해 부모님께 받은 은혜를 생각하면 우리가 부모에게 너무 무심한 건 아닌가 싶습니다.

또는 사농공상士農工商 직업으로 가르치고, 의식 원료를 제공하며, 각종 물품으로 살 집과 수용품을 공급하고, 천만 물질을 교환하여 우리 생활에 편리를 제공하는 사람들이 없다면 우리의 삶은 어떤 모습일까요? 너무나 익숙해서 둔감하지만, 우리 삶은 세계 곳곳의 수많은 사람의 협력 덕분에 지탱되고 있습니다. 혼자서는 살 수 없죠. 뿐만이 아닙니다. 내 목숨을 부지하기 위해 섭취하는 매일의 식사에는 뭇 동식물의 생명이 녹아들어 있죠. 정신이 번쩍 드는 대목입니다. 엄청난 희생과 은혜에 큰 빚을 진 셈이죠.

종교와 도덕으로써 인생의 바른길로 인도하시는 성자들이 없다면, 우리의 생활을 보전시키고 지식을 함양하게 하는 사농공상의 기관을 설치하고 지도 권면에 전력하게 하는 법률이나 우리가 평안히 살 수 있도록 시비이해를 구분하여 불의를 징계하고 정의를 세워 안녕질서를 유지하는 법률의 은혜가 없이도 우리의 삶이 가능할까요?

이처럼 우리는 내 힘으로 사는 것 같지만, 알게 모르게 주어지는 천지·부모·동포·법률 사은의 큰 은혜로 살아갑니다. 그 은혜나 도움이 없이는 생존 자체가 불가능하죠. 이 사실을 깨달으면 우리 삶의 태도에 변화가 생깁니다. 어떻게 하면 그 은혜의 천분의 일, 만분의 일이라도 갚을 것인가 하는 생각이 드는 거죠. 어떻게 하면 그 은혜에 조금이라도 보답하며 살 수 있을까요?

15

천지를 닮은 마음으로

복잡하고 급변하는 현대사회에서 사람들은 자신도 모르는 사이에 소외감, 무력감으로 고통을 받고 있습니다. 어쩐지 답답하고, 쓸쓸하고, 때로는 화가 나고, 가만히 있으면 '나만 이런 거 아니야?' 하는 불안감이 들기도 하면서 '어디 재미있는 일 없나?' 하고 주위를 기웃거리게 되죠.

그러다 보니 어떻게든 자신의 '존재감'을 알리고 주위에 영향력을 행사하기 위하여 일을 벌이고, 전화를 걸고, 다양한 형태의 사회활동에 참여합니다. 하지만, 그때뿐이고 혼자 있으면 또다시 마음 깊은 곳에 자리한 외로움이 고개를 들면서 정신적 허기를 느끼게 됩니다. 그야말로 끝나지 않는 외로움과의 전쟁이죠.

이제 방법을 바꿔야 하지 않을까요? 밖으로 원하고 구하는 그 마음을 돌이켜서 마음의 힘을 쌓는 일은 어떨까요? 타인의 평가나 다른 사람과의 관계를 통해 내 존재감을 확인받으려 하기 보다는 안으로 내 마음의 힘을 쌓아서 어떠한 주변 상황에도 흔들리지 않고 심지어 세상이 나를 원하게 하는 거죠.

저 하늘은 비록 공허하고 땅은 침묵하여 직접 복락은 내리지 않는다 하더라도, 자연 천지 같은 위력과 천지 같은 수명과 일월 같은 밝음을 얻어 인천대중人天大衆과 세상이 곧 천지같이 우대할 것이니라.

우리가 만일 천지 보은의 조목을 실행하여 천지 같은 마음으로 살게 되면 천지 같은 위력과 수명과 밝음을 얻어서 온 세상 모든 사람이 천지같이 우대하게 된다는 겁니다. 어디를 가더라도 VIP 대우라니 '존재감의 상실감'이나 '외로움'은 발붙일 틈이 없지 않겠어요? 그렇다면 어떻게 '천지 보은의 조목'을 실행하며 천지를 닮은 맘으로 살아갈 수 있을까요?

1. 천지의 지극히 밝은 도를 체받아서 천만 사리事理를 연구하여 걸림 없이 알 것이요,
2. 천지의 지극히 정성한 도를 체받아서 만사를 작용할 때에 간단없이 시종이 여일하게 그 목적을 달할 것이요,
3. 천지의 지극히 공정한 도를 체받아서 만사를 작용할 때에 원·근·친·소遠近親疎와 희·로·애·락喜怒哀樂에 끌리지 아니하고 오직 중

도를 잡을 것이요,

4. 천지의 순리 자연한 도를 체받아서 만사를 작용할 때에 합리와 불합리를 분석하여 합리는 취하고 불합리는 버릴 것이요,

5. 천지의 광대 무량한 도를 체받아서 편착심偏着心을 없이 할 것이요,

6. 천지의 영원불멸한 도를 체받아서 만물의 변태와 인생의 생·로·병·사에 해탈解脫을 얻을 것이요,

7. 천지의 길흉 없는 도를 체받아서 길한 일을 당할 때 흉할 일을 발견하고, 흉한 일을 당할 때 길할 일을 발견하여, 길흉에 끌리지 아니할 것이요,

8. 천지의 응용무념應用無念한 도를 체받아서 동정 간 무념의 도를 양성할 것이며, 정신·육신·물질로 은혜를 베푼 후 그 관념과 상相을 없이 할 것이며, 혹 저 피은자가 배은망덕을 하더라도 전에 은혜 베풀었다는 일로 인하여 더 미워하고 원수를 맺지 아니할 것이니라.

천지처럼 밝게 천만 사리를 연구하고, 천지처럼 정성스럽게 만사를 시작부터 끝까지 정성을 다하며, 천지처럼 원근친소나 희로애락에 끌리지 않는 중도를 잡고, 천지처럼 순리자연하게 합리는 취하고 불합리는 버리며, 천지처럼 광대 무량하여 편착심을 없이 하고, 천지처럼 만물의 변태와 생로병사에 해탈을 얻으며, 천지처럼 길흉에 끌리지 않고, 천지처럼 정신·육신·물질로 은혜를 베풀고 베푼 후에는 천지처럼 관념과 상을 없이하는

거죠.

'덕불고德不孤'라고 합니다. 덕이 있으면 외롭지 않죠. 천지를 닮은 마음으로 천지 같은 덕을 실행해보는 일, 외로움으로부터 진정한 탈출구가 아닐까요?

16

낳고 기르고 가르쳐주신 은혜

몇 년 전, 밴쿠버로 온 이후 해가 갈수록 농사짓는 재미에 빠져들고 있습니다. 조그만 텃밭이지만 심고 가꾸고 나누면서 말로는 설명할 수 없는 많은 기쁨과 깨달음을 얻기 때문이죠. 한 알의 씨앗이 땅에 심어져서 싹이 트고, 완숙한 채소가 되고, 또다시 씨앗을 맺어 다음 해를 기약하는 등 일련의 과정은 한 편의 윤회하는 인생 드라마를 보는 듯합니다.

농사의 시작은 토양이죠. 씨앗이 준비되었으면 땅부터 가꿔야 합니다. 아무리 좋은 씨앗이라도 박토에서는 잘 자라기 힘들기 때문이죠. 거름을 하고 땅을 잘 골라준 후에는 씨를 뿌려야 합니다. '씨를 뿌려야지 하는 마음'만으로는 안 되죠. 적절한 시기에 씨앗의 성질에 따라 빛의 양과 토질이 적절한 곳에 심고, 심은 후에도 물의 양을 조절해 주어야 합니다. 이렇게 같은 조건으로 심고 가꾸어도 자라는 모습에는 천양지차가 생겨나죠. 씨앗의 품질 문제입니다. 좋은 채소를 얻으려면 무엇보다 좋은 씨앗이 먼저 확보되어야 하는 건 당연지사겠죠?

 그렇게 잘 선별된 씨앗을 비옥한 땅에 심고 가꾸는데도 보통 정성이 드는 것이 아닙니다. 난데없는 우박, 떡잎을 통째로 갉아먹는 달팽이, 땅을 파서 어린싹들을 뿌리째 뽑아버리는 다람쥐. 어느 정도 자리를 잡고 자랄 때까지는 얼마나 정성과 관리가 필요한지 모르죠. 사람도 마찬가지입니다. 낳고 기르고 가르쳐주는 부모님의 은혜가 없었다면 우리는 지금 어떤 모습으로 존재하고 있을까요? 자기가 지은 대로 받는다고 하지만, 낳아주는 부모가 없이 사람 몸으로 탄생할 수는 없죠. 태어났다고 해도 무자력한 몸으로는 할 수 있는 일이 없습니다. 먹이고 입히고 보호하고 보살피면서 사람의 의무와 책임을 가르쳐서 오늘의 우리가 있도록 해주셨죠. 그렇다면 과연 우리는 어떻게 부모님으로부터 입은 그 고마운 은혜를 갚아갈 수 있을까요?

1. 공부의 요도要道 삼학·팔조와 인생의 요도 사은·사요를 빠짐없이
   밟을 것이요,
2. 부모가 무자력할 경우에는 힘 미치는 대로 심지心志의 안락과 육체
   의 봉양을 드릴 것이요,
3. 부모가 생존하시거나 열반涅槃하신 후나 힘 미치는 대로 무자력한

타인의 부모라도 내 부모와 같이 보호할 것이요,

4. 부모가 열반하신 후에는 역사와 영상을 봉안하여 길이 기념할 것
   이니라.

부모님은 우리 스스로가 잘 되는 것을 제일 기뻐하십니다. 진리를 믿고 원만한 인격을 양성하여 좀 더 나은 세상을 위해 살아가는 것만으로도 부모님께는 큰 효가 되죠.

또한, 실질적으로도 부모님의 심지 안정과 육체적 보살핌을 잊지 않고, 나아가서 타인의 부모라도 무자력한 분들은 보호하며, 부모님 열반 후에도 감사한 마음을 잊지 않고 추모의 정으로 길이 기념하며 축원을 드리는 것도 자녀 된 자의 몫입니다.

부모 없이 이 세상에 온 사람은 없지만, 부모님 은혜를 잊지 않기도 쉽지 않습니다. 오늘날 점점 심각해지는 노인 우울증이나 외로움, 존재감의 상실 등은 우리들의 부모 보은을 돌아보게 하죠. 지금이라도 늦지 않았습니다. 부모가 자식을 향하는 마음의 십 분의 일이라도 부모님을 위해 써보세요. 타인의 부모라도 무자력한 분을 위해 한 번 더 마음을 전해보세요.

열반하신 부모님께는 어떻게 보은을 할 수 있을까요? 일 년에 한 번 기일을 지켜 열반기념제라도 정성껏 모셔드려야 하지 않을까요?

17

이 세상 모든 생명들의 은혜를 생각하면

원기100년은 원불교인에게 정말 소중한 해입니다. 저 또한 수
년 전부터 특별한 각오로 준비하고 맞이한 이 한 해를 보다 의미
있게 보내기 위해 특별한 한마음을 일으켰죠. 2015년원기100 10월
10일 오전 10시부터 1,000일 기도를 시작한 것입니다.

처음에는 기도를 통해 마음을 챙기면서 밴쿠버교당이 직면한
현안을 해결하고자 하는 단순한 마음이었죠. 하지만 시간이 갈
수록 그 해결은 결국 '세상 모든 존재의 참 평화와 행복을 축원
하고, 나 자신을 비롯하여 함께하는 모든 기원인이 자신의 잘못
을 고치고 선한 일을 쌓아가며 함께 잘사는 길을 모색하는 정진'
이 병행되어야 함을 깨닫게 되었습니다.

왜냐하면, 우리가 이렇게 살아갈 수 있는 것은 내 힘만이 아니
라 수많은 생명과 이웃들이 목숨을 바친 희생과 끊임없는 협업

덕분에 가능하기 때문이죠. 그것을 깨달아 나도 행복하고 모두가 행복할 수 있도록 하는 것이 모든 종교의 존재 이유이고, 우리가 교당을 다니는 이유이자, 밴쿠버에 교당이 안정화되어야 하는 이유이기도 하니 말입니다.

우리가 동포에게서 입은 은혜를 가장 쉽게 알고자 할진대 먼저 마땅히 사람도 없고 금수도 없고 초목도 없는 곳에서 나 혼자라도 살 수 있을 것인가 하고 생각해 볼 것이니, 그런다면 누구나 살지 못할 것은 다 인증할 것이다. 만일, 동포의 도움이 없이, 동포의 의지가 없이, 동포의 공급이 없이는 살 수 없다면 그 같이 큰 은혜가 또 어디 있으리오. 대범, 이 세상은 사·농·공·상士農工商의 네 가지 생활 강령이 있고, 사람들은 그 강령 직업 하에서 활동하여, 각자의 소득으로 천만 물질을 서로 교환할 때에 오직 자리이타自利利他로써 서로 도움이 되고 피은이 되었느니라.

평소에 무감각하게 살아서 그렇지, 사농공상에 종사하는 많은 분의 은혜가 아니면 우리는 배우고 먹고 입고 사는 등의 사람다운 삶을 유지하기가 어렵죠. 어떻게든 생명은 이어갈지 몰라도 사람다운 삶의 질을 이어가기는 어렵다는 것입니다. 사람뿐만이 아니죠. 우리의 생명 지속을 위해 날고 기고 걷고 헤엄치는 뭇 생명이 수도 없이 목숨을 바치고 있습니다. 심지어 채식을 한다

하더라도 어떻게든 죽지 않고 살려는 채소의 생명을 꺾고, 채소를 가꾸고 유통하고 요리하기 위해 땅 위에서 땅 밑에서 이루어지는 수많은 희생과 수고로움 위에 한 끼의 식사가 가능해지는 법이니까요.

이와 같은 모든 생명과 타인들과의 관계를 생각하면 우리는 태생적으로 너무 큰 은혜를 입고 사는 '빚쟁이'라고 해도 과언이 아닙니다. 우리가 너무 우리 욕심만 차려서는 안 될 것 같은 대목이죠. 그래도 조금만 균형감각을 갖고 보면 대안이 있습니다.

내 생명 소중하듯이 다른 생명도 소중하고, 내 행복이 소중하듯이 다른 사람의 행복도 소중하게 생각한다면 우리는 어떤 선택을 하며 살게 될까요? 그들의 희생과 수고로움으로 내 생명이 이어지고 삶의 질을 유지할 수 있음을 인식한다면, 우리는 어떤 태도로 다른 생명을 대하고 타인을 대하며 내 욕심을 조절할 수 있을까요?

'자리이타', 나도 좋고 남도 좋을 수 있는 길. 나를 좋게 하려고 타인의 손해나 고통을 저버릴 것이 아니라 '공정한 자리'에서 함께 좋을 수 있는 길을 찾아 노력하는 삶을 사는 거죠. 어려울 것 같죠? 실천을 해보세요. 그 또한 기쁨이 있음을 직접 체험할 수 있을 테니까요.

18

진리를 알아서 법대로 사는 삶

사람은 누구나 자신이 원하는 바를 성취하며 행복하게 살기를 바랍니다. 하지만, 어떤 사람은 상대적으로 쉽게 이루며, 또 어떤 사람은 해도 해도 잘 안 되죠. 무슨 차이일까요?

세상사 모든 일이 되는 길이 있죠. 되는 길로 가면 되고, 안 되는 길로 가면 안 되는 겁니다. 그러니 그 길을 잘 알아서 되는 길로 가면 아무래도 수월하게 원하는 곳으로 갈 수 있죠. 그 길이 바로 '법'입니다. 법대로 하면 쉽다는 겁니다.

그럼 법을 알아야겠네요. 무엇이 법인지를 알면 그 법을 따라 살면 되니까요. 일단 법法이라는 한문은 물 수水와 갈 거去가 합쳐진 것으로 '물이 흐르는 것과 같은 순리를 따르는 것'을 생각해 볼 수 있습니다. 그와 같은 순리를 따라 정한, 서로 지키자는 약속과 같은 각종 규범, 법률, 명령, 규칙, 조례 등이 모두 법이라

할 수 있죠. 말하자면 '지키는 것, 진리'를 의미하는 산스크리트어 다르마dharma와 '법, 법률, 규범, 규칙' 등을 의미하는 로law를 떠올리면 그 의미가 더욱 명확해집니다. 그러므로 이 두 법을 잘 알아서 이 법대로 살면 되죠.

법은 따르고, 법이 아닌 건 범하지 않는 겁니다. 법이 아니라면 어떤 편리나 이익이라도 과감하게 물리치고, 법이라면 어떤 손해를 보거나 불편하더라도 지키도록 노력해야죠. 그리고 이 법은 누구에게나 적용되어야 합니다. 나는 편한 대로 살고, 다른 사람에게는 지키라고 요구할 수 없다는 거죠.

생각해보세요. 함께 지켜야 할 법이 없다면 약자는 보호받을 수 없고, 심지어 안전에도 심각한 문제가 있을 수 있습니다. 신호등 없는 거리, 규정 없는 기관이나 시설. 상상되나요? 길을 걷다 힘 센 사람에게 맞아도 하소연할 법이 없다면 하루하루의 일상이 얼마나 불안할지.

그러니 무의식중에 입고 있는 수많은 법의 은혜를 알아서 보은하는 마음으로 살아간다면 어디를 가든지 '법의 보호를 받아, 갈수록 구속은 없어지고 자유를 얻게 되며, 각자의 인격도 향상되며 세상도 질서가 정연하고 사·농·공·상이 더욱 발달하여 다시없는 안락세계가 될 것이며, 또는 입법·치법의 은혜도 갚음이 될' 뿐 아니라 스스로 행복해지게 되죠.

그렇다면 이 법의 은혜를 누구에게 어떻게 갚을 수 있을까요?

사실 우리가 지금처럼 지혜롭고 안심하며 살아갈 수 있는 건 '성자가 천지의 이법을 보아서 인사를 제정한 도덕을 비롯하여 그 외 입법자들이 제정한 법과 그리고, 도덕이나 법을 제정한 입법자와 도덕이나 법에 따라 다스리는 치법자'들의 덕입니다.

그 은혜를 갚을 수 있는 길은 오직 한 가지 그 법을 지키는 일이죠. 법이 아닌 건 생각하지도 말고, 유혹당하지도 말고, 행하지도 말아야 한다는 겁니다. 하지만 법을 알아서 법대로 살아가는 일이 쉽지 않죠. '남들은 안 지키는데 나만 지키다 손해 보는 건 아닌가?' 하는 걱정도 되고, 불법의 달콤함에 유혹당하지 않기가 쉽지 않습니다. 보이지도 들리지도 않는 진리를 아는 일은 더더욱 쉬운 일이 아니죠.

그런데도 희망적인 건, 인과의 진리 하나만 제대로 알아도 불필요한 갈등이 줄어들고 세상의 법들을 지키기가 쉬워진다는 겁니다. 우리가 교화하고, 공부하는 이유죠.

진리의 문에 들어오지 않으신 분, 안으로 들어오세요. 문에 들어오신 분, 법대로 삽시다. 진리가 무엇인지를 알아서, 진리대로 사는 삶. 진정한 행복에 이르는 최선의 길이기 때문입니다.

19

함께 좋으면 배가 되는 행복

가족이나 가까운 인연들이 행복하면 마음이 편안하죠. 게다가 만나는 사람들 또한 모두 행복하면 천국이 따로 없을 것 같습니다.

사실 모두가 행복한 세상, 쉽지 않은 일이고 심지어 현실적으로 불가능해 보이죠. 그런데도 우리가 꿈꾸고 기도하며 노력하는 세상입니다. 그러기에 아무리 같은 꿈일지라도 접근은 다를 수밖에 없죠. 한 번 생각해봅시다. 어떻게 하면 나도 행복하고 세상도 행복할 수 있을까요?

인터넷 검색을 해보았죠. 세상을 바꾸는 여러 가지 힘이 제시되어 있네요. 삼성에서는 '관심과 배려, 겸손과 용기, 희생과 사랑, 포용과 화해, 감사와 봉사'를, 세상을 바꾸는 시각에서는 '세상을 제대로 보는 눈, 사람들 제대로 이해하는 사랑'을, 사이버 외교사절단 반크에서는 '열정'을, 아모레퍼시픽에서는 '아름다움'을 꼽고 있고, 그 외에도 '청소년 교육', '창조성', '시스템의 변화' 등이 제시되어 있습니다. 맞습니다. 이 모든 요소가 세상을 보다 나은 행복으로 이끌어가고 있죠.

지금으로부터 100년 전, 원불교 소태산 박중빈 교조께서도 이 고민을 하셨습니다. 우주와 인생에 대한 풀리지 않는 의문으로 고통스러운 구도 행각 끝에 마침내 깨달음을 얻으셨고, 세상을 향해 열린 그 따뜻하고 지혜로운 시선으로 그 당시의 현실을 직시하고 모든 사람이 함께 잘살 수 있는 길을 제시하셨죠.

바로 '사요', 세상의 평화를 위한 네 가지 중요한 덕목입니다. '자력 양성, 지자 본위, 타자녀 교육, 공도자 숭배' 등이죠. 나도 꽃피면서 세상도 꽃피게 하는 중요한 법으로 이 네 가지를 제시하십니다.

자력 양성은 말 그대로 '자력을 공부삼아 양성하여 사람으로서 면할 수 없는 자기의 의무와 책임을 다하는 동시에, 힘 미치는 대로 자력 없는 사람에게 보호를 주는 것'이고, 지자 본위는 '어떠한 처지에 있든지 배울 것을 구할 때는 불합리한 차별 제도에 끌릴 것이 아니라 오직 구하는 사람의 목적만 달하자는 것'이며, 타자녀 교육은 '교육의 기관을 확장하고 자타의 국한을 벗어나, 모든 후진을 두루 교육함으로써 세상의 문명을 촉진하고 일체 동포가 다 같이 낙원의 생활을 하자는 것'이고, 공도자 숭배는 '세계나 국가나 사회나 교단을 위하여 여러 방면으로 공헌한 사람들을 그 공적에 따라 자녀가 부모에게 하는 도리로써 숭배하자는 것이며, 우리 각자도 그 공도 정신을 체받아서 공도를 위하여 활동하자는 것'입니다.

어떻습니까? 자력을 양성하여 인간으로서 의무와 책임을 다하며 힘이 부족한 사람을 돕고, 무슨 일이든지 잘 아는 사람이 그 일을 하게하고, 모르는 것은 묻고 배우며, 내 자녀 남의 자녀 가리지 않고 더 많은 사람이 배움의 기회를 가질 수 있도록 지원하고, 어떤 방면으로든지 공익을 위해 헌신한 사람들을 소중히 알고 모시며 공도를 위해 활동하는 사람이 많아지는 세상. 정말 개인 개인이 이런 마음가짐으로 공부하고 일을 하게 된다면, 자신도 빛나고 세상도 빛나서 사는 이도 행복하고 보는 이도 감동적인 아름다운 세상이 가능해지지 않을까 생각해봅니다.

하지만 현실은 점점 더 각박해지고 스스로가 살아남기 위해 경쟁자를 물리쳐야 하는 악순환의 고리 속에 고통 받고 있죠. 물론 전부는 아닙니다. 어떻게 하면 좋을까요? 우리가 만일 이 네 가지 요긴한 덕목, 사요를 실천하면 어떤 일이 일어날까요? 나부터, 우리 자신부터 먼저 믿고 실행해보면 어떨까요?

20

세상에 공짜 없어요

어린 시절, '인생이 고통의 바다'라고 하신 부처님의 말씀을 이해하기가 어려웠습니다. 노력하면 잘살 수 있는데 왜 인생이 고통이냐 하는 생각을 했죠. 남들은 몰라도 최소 나는 고통 없는 삶을 살아보리라는 기대로 출가하고 '고통 없는 삶'을 향한 여정을 시작했습니다.

하지만, 출가 후 세월이 흐를수록 고통이 줄어드는 것이 아니라, 오히려 전에 없었던 힘듦이 가중되었습니다. 가슴은 뜨겁고 이상은 높은데, 현실은 해결해야 할 수많은 과제와 도전의 연속으로 언제 끝날지 모르는 미궁 속으로 빠져드는 느낌이었죠. 분명히 어느 시점부터 줄어들다가 사라져야 하는데, 줄기는커녕 더 답답하고 앞이 보이지 않는 겁니다. 그래서 기웃거리기 시작했죠. '어떻게 하면 또는 어디를 가면 이 힘듦이 없어질 것인지' 다른 곳이나 남의 처지를 관찰하며 고통 없는 삶을 간절히 원했습니다.

그러던 어느 날 선배님이 보내주신 한 권의 책으로 그 어리석은 나날들로부터 완전히 해방될 수 있었죠. '고통에서 자기완성으로'라는 부제가 달린 『끝나지 않은 길』이라는 이 책은 고통의 두 종류를 제시하고 끝낼 수 있는 고통과 끝내지 못할 고통을 분명히 알려주었습니다. 우리의 어리석음이나 분별, 욕심, 집착 등으로부터 비롯되는 고통은 불필요한 고통으로서 마음을 맑히고 지혜를 밝히는 등의 수행으로 자유로워질 수 있지만, 일이 되도록 하기 위한 수고로움은 인간의 성장이나 자기완성을 위해 반드시 감수하고 겪어내야만 하는 끝나지 않은 고통이라는 것입니다.

그런 의미에서 살아있는 한 모든 인간은 일정 정도의 피하려야 피할 수 없는 고통을 감수해야 하고, 더욱이 오늘보다 나은 내일을 꿈꾸는 사람이라면 그에 상응한 수고로움을 반드시 견뎌내야 하죠. 세상에 공짜는 없습니다. 우리가 세상에서 한 인간의 의무와 책임을 다하며 살아가기 위해서는 우리 자신의 삶을 책임지는 노력이 필요하죠. '자력 양성'이라고 합니다.

자력이 없는 어린이가 되든지, 노혼老昏한 늙은이가 되든지, 어찌할 수 없는 병든 이가 되든지 하면이어니와, 그렇지 아니한 바에는 자력을 공부삼아 양성하여 사람으로서 면할 수 없는 자기의 의무와 책임을 다하는 동시에, 힘 미치는 대로는 자력 없는 사람에게 보호를 주자는 것이니라.

사실 우리 내면에는 고생은 피하면서 좋은 것은 가지고 싶어하는 어리석은 욕심이 있습니다. 과거에는 특히 심했죠. '부모·형제·부부·자녀·친척에게 의뢰생활을 하려는 사람, 타인에게 빚을 쓰고 부모 형제 친척을 어렵게 하는 사람, 특히 여자들은 본인의 의지와 상관없이 교육의 기회나 사교의 권리, 재산에 대한 상속권 등을 얻지 못해 평생을 남편이나 자녀에게 의지하는 사람들'이 많았습니다.

하지만, 사람이라면 누구나 자력 양성이 필요하죠. 세상에 공짜가 없음을 인정하고 사람으로서 의무와 책임을 다하는 수고로움을 기꺼이 감수하며, 정신의 자주력과 육신의 자활력과 경제의 자립력을 갖추어 나가는 겁니다. 그렇게 갖추어진 힘으로 타인을 배려하고 기꺼이 도와준다면 본인은 물론 함께 사는 사람들도 훨씬 행복해지죠. 노블레스 오블리주Noblesse Oblige, 가진 자의 도덕적 책무라고 하죠. 많은 것을 갖추었으나, 자신의 행복에 머물지 않고, 그렇지 못한 자를 위해 기꺼이 돕고 나누고 기여하는 정신 말입니다.

우리는 지금 어떤 상태일까요? 정신의 자주력, 육신의 자활력, 경제의 자립력을 갖추기 위해 얼마나 노력하고 있나요? 좋은 것은 기꺼이 나눠 가지려는 관심과 실천은 어떻게 하고 있나요?

21

내 입장을 내려놓고 앎을 본위로

　우리 삶은 선택의 연속입니다. '무엇을 먹고 어떤 옷을 입을까' 하는 사소한 선택에서부터 '학교나 직장, 배우자를 결정해야 하는 등' 보다 복잡하고 중요한 선택들이 있죠. 일상적인 기호의 문제나 사소한 선택은 그렇다 하더라도 한 번의 선택이 끼치는 영향이 막중한 경우에는 더욱 신중하고 현명함이 요구됩니다. 때로는 우리 스스로 해결하지 못할 경우도 있어서, 누구에겐가 묻고 배워야 하는 경우도 허다하죠.

　어떻게 보면 갈수록 세상이 복잡하고 변화도 빨라서 어쩌면 우리 스스로 선택하거나 결정할 수 있는 범위가 더 한정적이고, 누군가와 상의해야 할 영역이 더 많은지도 모릅니다. 선택의 갈림길에서 어떤 결정을 내려야 하는 상황에 직면했을 때 어떻게 하면 보다 나은 결정을 내릴 수 있을까요?

운전하다 길을 잃었을 때, 남자들과 여자들이 대처하는 방식에는 차이가 있다고 합니다. 전부는 아니겠지만, 대체로 남자들은 헤맬 수 있을 때까지 헤매면서 스스로 길을 찾으려는 경향이 강하고, 여자들은 어떻게든 차를 세우고 누군가에게 길을 물어서 해결하려는 경향이 강하다고 하죠.

우리는 이처럼 길을 잃을 때뿐 아니라, 아주 다양한 상황에서 무언가를 선택하고 신속하게 일 처리를 해야 하는 상황들에 직면하게 됩니다. 혼자 하는 일은 그래도 좀 쉽죠. 하지만, 두 사람 이상이 관계를 맺고 상충되는 의견 속에서 무언가를 선택하고 결정하는 일은 결코 쉬운 일이 아닙니다.

이럴 경우, 원불교에는 분명한 지침이 있죠. '지자본위'입니다. 지자智者 즉 잘 아는 사람, 나보다 나은 사람을 스승 삼아서 판단하고 선택하고 결정하는 중심으로 삼으라는 거죠. 과거와 같이 '남녀나 노소, 반상, 적서, 종족' 등 성별이나 나이, 사회적 지위 등에 대한 차별적인 처지가 아니라 그 앎의 정도에 따라, 예를 들어, '솔성率性의 도나 인사의 덕행, 모든 정사에 대한 처리, 생활에 대한 지식, 학문이나 기술, 기타 모든 상식 등 어느 방면으로든지 자기 이상이 되는 이'를 스승 삼아서 묻고 배우고 일을 맡기라는 겁니다. 이렇게 하면 보다 나은 선택을 할 수 있고, 결국 일도 더 잘 되게 할 수 있죠.

하지만, 우리는 자신의 판단과 안목을 너무 믿는 경향이 있습니다. 거기다 이해관계까지 얽히면 문제는 복잡해지죠. 그러니 늘 열린 마음으로, 내 입장에서만 판단하고 결정하려 하지 말고, 지자본위의 도로 묻고, 배우고, 전문가에게 맡기는 실천이 필요합니다. 요즘같이 복잡하고 급변하는 세상에서는 더욱 그렇죠. 개인뿐 아니라, 사회에서도 잘 아는 사람, 전문가를 우선시하고, 존중하여 묻고 배우고 일을 맡기게 된다면 이 세상도 더욱 발전하리라 봅니다. 그러므로 이 '지자본위'는 개인이 갖춰야 할 덕목이자 사회에서도 장려하고 지원해야 할 덕목이기도 하죠.

이 지점에서 한번 생각해봅시다. 과연 내가 처한 곳에는 어떤 사람들이 나보다 나은 사람들일까요? 내가 속한 가정, 교당, 기관, 사회 곳곳에서 어떤 일을 선택하고 결정할 때에 나는 어떤 표준으로 의견을 내고 주장을 하고 결정권을 가져야 할까요?

한마음 돌이켜 보면, 누구에게나 장점이 있습니다. 나보다 능한 부분들이 있죠. 겸허한 마음으로 스승 삼으면 누구든 나를 이끌어주고 도와주는 스승이 됩니다. 하지만, 내가 경험한 것이 전부인 양 내가 하는 방식이 최선이라고 생각한다면 갈 길이 멉니다. 사람들은 나를 멀리하고 내 삶에 성장은 없죠.

겸허한 마음, 열린 마음이 지자본위의 도를 실천하는 첫걸음입니다. 여러분의 마음, 지금 어떤 모습인가요?

22

선물 중의 선물, 교육의 기회

물에는 머리도 못 담그던 어린아이가 유유자적 수영을 하고, 운전이라면 겁나서 운전대조차 멀리하던 사람이 능숙하게 도심의 대로를 운전합니다. 할 수 없었던 것을 하게 하고, 상상조차 할 수 없었던 세계를 경험하게 하는 이 놀라운 힘, 바로 교육의 위력이죠. 밴쿠버에 처음 교화를 나와서 이민 사회의 모습을 접하고, 머리를 떠나지 않는 화두가 하나 있었습니다. '자식이 뭐 길래? 도대체 자식이 뭐 길래?' 수많은 부모님이 자신의 고생이나 불편은 기꺼이 감수하고 태평양을 건너죠. 자녀들에게 더 좋은 교육 환경과 기회를 제공하기 위함입니다.

또 한 번은 봄이 깊어가던 5월, 손님을 모시고 겨울 스포츠로 유명한 그라우스 마운틴을 방문했을 때의 일이죠. '같은 밴쿠버, 다른 삶의 질'을 실감하게 하는 풍경에 깜짝 놀랐습니다. 산 아래는 이미 봄이 완연한데, 이곳 그라우스 마운틴은 아직도 하얀 눈 위로 스키와 스케이트를 즐기는 가족들로 북적였던 거죠. 산 아래에서는 상상조차 할 수 없는 일이 그곳에서 펼쳐지고 있는 겁니다. 캐나다에 오는 것이 전부가 아니었던 거죠. 같은 하늘 아래 살면서도, 어떤 가정에서 자라느냐에 따라 아이들이 경험하는 세상에는 현격한 차이가 있었던 겁니다.

어디 이뿐이겠어요? 세상이 크고 다양한 만큼, 우리가 경험하고 이해할 수 있는 세계는 한정 지을 수가 없습니다. 단지 우리의 안목과 경험이 제한적일 뿐이지요. 그 제한적 안목과 경험의 폭을 넓혀줄 수 있는 장치를 교육이라고 할 수 있습니다. 몰랐던 것을 배우고, 경험해보지 못했던 것을 경험할 수 있는 과정이자 기회인 거죠.

세상에 소중한 선물이 많이 있지만, '교육의 기회'를 제공하는 일이야말로 선물 중의 선물이 아닐까 하는 생각이 듭니다. 소태산 대종사께서는 더 행복한 세상을 만드는 4가지 요법 중의 하나로 '타자녀 교육'을 제시하십니다. 개인의 발전도 중요하지만, 사회 구성원이 고르게 발전하는 것을 중요한 가치로 삼으셨던 거죠.

1. 교육의 결함 조목이 없어지는 기회를 만난 우리는, 자녀가 있거나 없거나 타자녀라도 내 자녀와 같이 교육하기 위하여, 모든 교육 기관에 힘 미치는 대로 조력도 하며, 또는 사정이 허락되는 대로 몇

사람이든지 자기가 낳은 셈 치고 교육할 것이요,

2. 국가나 사회에서도 교육 기관을 널리 설치하여 적극적으로 교육을
실시할 것이요,

3. 교단敎團에서나 사회·국가·세계에서 타자녀 교육의 조목을 실행
하는 사람에게는 각각 그 공적을 따라 표창도 하고 대우도 하여 줄
것이니라.

개인이나 국가 사회 교단에서 적극적으로 내 자녀 남의 자녀
가리지 않고 어떻게든 교육의 기회를 제공하고, 그렇게 교육사업
을 열심히 하는 사람을 권장하고 대우하면 '세상의 문명이 촉진
되고, 모든 인류가 함께 낙원의 생활'을 할 수 있기 때문입니다.

세상에 좋은 일이 많이 있지만, 교육의 기회를 선물처럼 주는
것은 어떨까요? 우리 아이에게 주고 싶은 그 마음으로 다른 아이
에게도 더 많은 교육의 기회를 줄 수 있다면, 세상은 분명 보다
아름답고 발전된 모습으로 나아갈 수 있겠죠.

지금까지 우리는 교육이나 장학사업은 돈 많은 재력가에게나
어울리는 일이라고 너무 안일하게 생각하지 않았나 싶습니다.
누구든지 어떤 위치에 있든 할 수 있는 노력임에도 불구하고 말
이죠. 이 지점에서 한 번 생각해볼까요? 우리는 과연 어떻게 '타
자녀교육'을 실행할 수 있을까요?

정각정행, 바르게 깨달아 원만하게 실행하는 이 일은 우리의
행복을 향한 화두이자 근원적인 해법이 됩니다.

23

공익실천과 공도자 숭배로 지속가능한 행복을

사람들은 누구나 행복을 바랍니다. 어떤 사람들은 현명하게 그 행복에 다가가고, 어떤 사람들은 막연히 바라기만 하죠. 그래서 실질적으로 본인의 행복을 위해 무엇을 어떻게 해야 하는지조차 모르는 경우가 많습니다. 그러므로 우리는 행복에 대해 진지하게 생각해보고, 삶의 방식을 행복해지는 쪽으로 맞춰가며 살아갈 필요가 있죠.

생각해보면, 행복은 쉬운 개념이 아닙니다. 모두가 간절히 바라는 바임에도 불구하고 말이죠. 그래서 우리 대부분은 이 순간에 주어진 행복을 느끼고 누리는 데는 미숙하지만, 행복해지기 위한 불만족에는 익숙합니다. 예를 들어 무언가가 채워지거나 변해야 행복해질 수 있을 것 같은 마음 상태로 살아가기가 쉽죠. 그래서 늘 밖으로부터 뭔가를 구하고, 얻고, 채우려고 합니다.

갈구渴求죠. 애타게 찾는 마음 말입니다. 그래서 놀 곳, 만날 사람, 갖고 싶은 물건, 듣고 싶은 찬사, 받고 싶은 관심과 사랑에 목말라하며 밖으로 끊임없이 뭔가를 구하죠. 그래서 사람을 만나고, 물건을 사고, 무언가를 성취하여 잠시 잠깐 행복을 느끼죠. 하지만 이렇게 구하는 행복은 설사 잠깐씩 맛볼 수 있을지는 몰라도, 돌아서면 곧바로 공허감이 밀려오며 또 다른 갈구가 생기죠. 아이러니하게도 이런 행복은 구하면 구할수록 오히려 고통만 가중됩니다. 세상이 큰 만큼 욕구도 한정이 없기 때문입니다.

또는 주변 환경과 다른 사람 마음을 변화시켜 본인의 행복을 찾는 경우입니다. '이것만 해결된다면', '이렇게만 해준다면', '이렇게 되어야', '저렇게 되어야' 등등. 세상을 본인의 뜻에 맞춰야 행복해질 수 있으므로, 늘 맘대로 굴러가지 않는 세상과 내 뜻대로 따라주지 않는 타인을 향해 화를 내고 서운해하면서 불행하다고 느낍니다. 정신을 차리고 보면, 사실은 시작부터 잘못된 추구죠. 자기 마음 하나도 자기 마음대로 못하면서 세상과 타인의 마음을 자기 마음대로 하려 하고, 받으려고만 하는 발상 자체가 모든 불행의 출발점이 되는 겁니다.

모든 사람이 자기만 위해 달라 하고, 받으려고만 하면 세상이 어떻게 될까요? 배고픈 귀신이 따로 없죠. 받으려고만 하는 그 마음이 바로 아귀입니다. 사람의 탈을 쓴 배고픈 귀신인 거죠.

그러므로 성현들은 행복을 추구하는 발상 자체를 바꾸라고 합니다. '널리 대중에게 이익 주고, 다른 사람을 행복하게 하는 것으로 나의 행복으로 삼으라'고 말입니다. 그것은 '나만의 행복'을 쫓다 보면 욕구는 끝이 없고, 세상은 자기 뜻대로만 굴러가지 않기에 행복해지기가 쉽지 않기 때문이죠.

생각을 바꿔서 받으려고만 하지 말고 줄 방법을, '나만을 위한 행복'뿐 아니라 '당신을 행복하게 하는' 방법을 찾다 보면 훨씬 더 행복에 쉽게 다가갈 수 있습니다.

그렇게 세상을 위하고 대중에게 은혜를 주는 사람을 칭송하고, 흠모하고, 따르고 닮아가는 사회. 자신의 행복뿐 아니라 세상이 함께 행복한 길을 찾는 것은 개인의 행복을 배가시킬 뿐 아니라 세상 전체의 행복을 실현하고 지속할 수 있는 행복의 길이 됩니다.

지금 행복하십니까? 어떻게 하면 그 행복을 나누어 가질 수 있을까요? 행복하지 않습니까? 너무 자신의 행복에만 집착하고 있는 건 아닐까요? 정신을 차리고 마음을 열어 다른 누군가를 행복하게 해 줄 방법을 찾아보세요. 벌써 가슴이 설레고 행복이 다가오는 것 같지 않으신가요?

24

마음에 힘을 주는 세 가지 공부길

누구든 나이를 먹고 늙어 가는 일이 쉬운 일이 아닙니다. 몸도 여기저기 불편해 지고, 의욕이 예전처럼 왕성하지 않죠. 그런데 분명히 좋아지는 점도 있습니다. 그것은 바로 내 의지대로 뜻하는 바를 실현해낼 수도 있고, 웬만한 경계에 쉽게 흔들리지 않을 수 있게 되죠.

나는 나이 들어가는 지금이 너무 좋아. 어릴 때라면 이것저것 눈치 보느라 시도도 못 해봤을 일들을 지금은 자신 있게 시도해 볼 수도 있고, 설령 그것이 실패한다 하더라도 크게 실망하거나 상심하지 않을 수도 있는 것 같아.

몇 년 전 나이 마흔을 넘기고 쉰을 바라보며 마음에 일어난 변화라며 들려주던 동기 교무의 말입니다. 정말 그렇습니다. 저 또한 마흔을 넘기고 쉰을 바라보는 나이에 이르고 보니 어느 순간 마음에 잡념이 많이 줄어들고, 급한 마음이 여유로워지고, 예전의 걱정이나 불안이 많이 사라지고 있음을 발견하게 되었죠. 그간 제 마음에 무슨 일이 일어난 것일까요? 그것은 아마도 위에 말한 동기 교무님이나 저나, 그간에 공부했다 안 했다 해도 알게 모르게 쌓인 마음의 힘이 아닐까 하는 생각이 듭니다. 그리고 그 마음에 쌓인 힘이야말로 나이 들어서 그 무엇과도 바꿀 수 없는 소중한 자산이기도 하죠.

정말 마음에 힘이 있으면 어떠한 경계에도 자유로울 수 있고, 그 경계를 대중에게 널리 행복을 주는 기회로 전환할 수 있습니다. 경계가 문제가 아니라, 마음의 힘이라는 거죠. 일례로 많은 현대인이 시름 하는 외로움이라는 문제도 결국 마음에 힘이 있으면 별로 문제 될 일이 아니죠. 마음에 힘이 없고 칭찬이나 대우 등 다른 사람으로부터 그 외로움을 달래고자 하니 끝없는 외로움에 힘겨워하며 악순환의 고리를 끊지 못하는 겁니다.

외로움뿐만이 아니죠. 인생에서 부딪히는 수많은 문제도 알고 보면 경계나 상황의 문제가 아니라 마음의 힘이 약해서 흔들리고, 끌리고, 가려서 일어나는 일들이죠.

심약한 자여! 흔들리는 건 그대 마음이야. 그림자가 나무를 어지럽힐 수는 있지만, 나뭇가지를 꺾을 수는 없지. 세상사 모두 스쳐 지나가는 바람이야. 불어오는 바람을 탓하지 말고 그대 마음을 잘 들여다봐.

경계를 당할 때마다 제 마음을 챙기는 주문이자, 주변 상황 때문에 괴로워하는 사람들에게 주는 조언이기도 합니다. 그러니 결국 우리는 마음의 힘을 길러 삶의 문제를 해결하고, 더 나은 인생을 꿈꿀 수밖에 없죠. 그렇다면 마음의 힘을 잘 기르는 것이 관건인데요. 어떻게 하면 우리 마음에 힘이 길러질까요?

원불교에는 정신수양·사리연구·작업취사라는 삼학으로서 마음의 힘을 기를 수 있는 공부 길을 제시합니다. 정신을 수양하여 어떠한 경계에도 흔들림 없고 끌림 없는 정신의 자주력과 일과 이치를 연구하여 밝게 분석하고 빠르게 판단하는 지혜의 힘과 일거수일투족의 행위를 할 때 취할 것과 버릴 것을 분석하여 정의는 용맹 있게 취하고 불의는 용맹 있게 버리는 실행의 힘이라는 세 가지 큰 힘을 갖추어 간다면 누구든지 어떠한 경계에서도 마음의 힘을 발휘하여 불필요한 고통을 덜고 행복의 길로 나아갈 수 있을 것이기 때문이죠. 그리고 이 삼학 공부를 할 때는 한쪽에 편중되지 않도록 하는 병행이 필요합니다. 본인에게 쉽고 편하다고 한쪽 방면의 수행만 계속하면 한편에 치중하여 균형적이고 전인적인 인격을 이룰 수 없기 때문이죠. 결국, 삼학의 균형적인 마음공부가 우리를 자유롭게 하고 평안하게 할 것입니다. 삼학수행, 어디서부터 어떻게 시작하면 좋을까요?

25

끌림 없고 흔들림 없는 수양의 힘

내 속엔 내가 너무도 많아 당신의 쉴 곳 없네.

내 속엔 헛된 바람들로 당신의 편할 곳 없네.

바람만 불면 외롭고 또 괴로워.

'가시나무'라는 노래 가사입니다. 정말 우리는 우리 안의 무수한 바람과 우리 자신도 어쩔 수 없는 자신에 대한 집착으로 인해 얼마나 외롭고 괴로운 삶을 살아가고 있는지 모르죠. 때로는 내 뜻대로 되지 않는 타인이나 상황에 화를 내고 우울해하면서 말입니다.

그렇다고 방법이 없는 것은 아니죠. 조금만 우리들의 마음에 관심을 두고 그 마음 사용법을 알게 되면 우리가 예상하지 못한 방식으로 새로운 세상을 경험하며 살아갈 수 있습니다.

그중의 한 가지 길이 바로 '정신수양'이죠. 우리가 사용하는 여러 가지 마음 가운데 '마음이 두렷하고 고요하여 분별성과 주착심이 없는 경지'인 '정신'을 닦고 기르는 겁니다. '마음이 헝클어지지 않고 분명하고 고요해서 나누고 구별하여 좋다 싫다 판단하고, 좋은 것을 취하고 싫은 것을 피하려 강하게 집착하는 마음이 없는 상태'인 '정신'을 닦고 기른다는 거죠.

마음이 맑고 고요하면 세상의 모든 사람이나 사물, 상황들을 있는 그대로 실상이 제대로 보이고, 있는 그대로의 실상을 제대로 보게 되면 세상 모든 것들이 장점과 단점을 동시에 갖고 있음이 보이게 됩니다. 그렇게 보이면 특별히 취하거나 피하려는 집착이 자연히 줄어들고 마침내 사라질 수 있죠. 그렇게 분별하고 집착하는 마음이 줄어들고 실상을 환하게 비추어 알게 되면, 급하거나 불안하거나 괴로울 것이 없는 자유의 심경에 다가갈 수 있게 됩니다. 고요하고 넉넉하며, 안정되고 편안하여 끌리거나 집착하지 않게 되는 거죠. 그런 마음으로 무엇을 보거나 듣거나 생각하게 되면 무슨 일이든지 정확하게 보고 판단할 수 있으므로 쉽게 끌리거나 흔들리지 않을 수 있게 됩니다. 이러한 마음의 힘을 자주력이라고 하죠. 부귀영화나 재색명리 등이 아무리 유혹해도 흔들리거나 끌리지 않는 마음의 힘 말입니다.

그렇다면 그 정신을 닦고 기르는 수양을 어떻게 할 수 있을까요?

사실은 이 '정신'이 어떤 상태인지에 관해 감을 잡고 그 정신을 닦고 기른다면 어떤 방법이라도 수양이 될 수 있습니다. 마음을 고요히 하는 것, 마음을 크게 열어 키우는 것, 때때로 마음을 멈추어 끌려가지 않도록 꽉 잡아주는 것, 마음이 이 생각 저 생각으로 갈등하기 전에 곧바로 한 마음만 내는 것, 어떤 일을 할 때 그일 그 일에 집중하는 것, 생각을 비우고 내려놓는 것, 안분하는 것, 마음을 맑히는 것, 급한 마음을 내려놓는 것, 서두르지 않는 것 등이 모두 수양의 방법이 되죠.

'안으로 분별성과 주착심을 없이하며 밖으로 산란하게 하는 경계에 끌리지 아니하여 두렷하고 고요한 정신을 양성할' 수 있는 모든 방법이 수양의 방법이 될 수 있는 겁니다. 좌선이나 명상, 기도, 염불, 독경 또는 송경 등을 중심으로 일이 있을 때는 매사를 일심으로 하고, 사람이나 사물을 응할 때는 애착 탐착을 두지 말고 담담한 맛을 길들이며, 정신을 시끄럽게 하거나 빼앗아 갈 일을 멀리하여 경계 자체를 피해 보기도 하는 거죠.

그러므로 정신수양에는 감을 잡는 일이 중요합니다. 보이지 않는 마음에 관련된 일이기 때문이죠. 무엇보다 관심을 두고, 어떻게 할 때 '두렷하고 고요하여 분별성과 주착심이 없는 그 마음'이 드러나고 길러지는지 앞에 제시한 방법을 시도하면서 자신에게 맞는 방법을 찾아 꾸준히 실천해 보시기 바랍니다.

26

✿

밝게 분석하고
빠르게 판단하는 연구의 힘

사람이면 누구나 같은 사람인 것 같아도, 그 사고력과 판단력에는 천양지차가 있습니다. 문제는 그 판단력이 눈에 보이지 않기 때문에 그 차이를 쉽게 가늠하거나 인정하기가 쉽지 않죠. 그러므로 특별한 노력이 없다면 우리 자신의 사고력이나 판단력이 어떤 상태인지도 모른 채 자신의 앎이 최선인 양 착각하며 어디서부터 무엇이 잘못되었는지도 모르고 끝없는 실수를 범하며 살아가게 됩니다.

아이러니한 것은 잘 모르는 사람일수록 자신의 경험이나 앎에 고집이 세고, 잘 아는 사람일수록 열린 마음으로 유연하게 자신의 앎을 수정해 나간다는 거죠. 마치 산 아래에서 좁은 시야로 보던 사람이 산을 오를수록 시야가 확보되어 더 많은 것을 보면서 깨닫는 것과 마찬가지입니다. 그러므로 산 아래에 머물러 있는 어리석은 사람은 자신이 어리석은 줄을 알기가 어렵고, 산 정상을 향해 가는 지혜로운 자만이 지금까지 보아온 것이 전부가 아님을 알고 끊임없이 배워나가는 것과 같습니다.

인간에게 지혜는 자신과 타인의 삶을 행복으로 이끄는 중요한 덕목이죠. 매 순간 처하게 되는 다양한 선택의 순간에서 좀 더 나은 것을 택할 수 있게 이끌어주기 때문입니다. 우리가 살아가는 세상은 수많은 일로 끊임없는 시비이해를 양산하며 일희일비하게 하죠. 그런데 자세히 보면 세상의 모든 사물과 인간, 사건과 상황들이 그와 같이 존재하고 그와 같이 일어나기 위해서는 어떤 법칙이나 규칙이 존재합니다. 이치라고 하죠. 꼭 그렇게 될 수밖에 없는 어떤 원리 말입니다. 그러므로 이 이치를 아느냐 모르느냐에 따라 사물과 인간, 사건과 상황에 대한 이해 정도에 차이가 나게 되죠. 지혜로울수록 실상과 실체에 가깝게 이해할 수 있습니다.

지혜롭기 위해, 이처럼 쉽게 드러나지 않는 이치를 이해하기 위해 소태산 대종사께서는 '대소유무'의 관점을 제시합니다. 어떤 사람이나 사물, 사건과 상황을 제대로 이해하기 위해서는 그 사람이나 사물, 사건이나 상황의 전체적인 면대와 부분적인 면소, 나아가 변화되는 면유무까지도 고려하여 파악해야 한다는 거죠. 그렇게 실체와 실상을 제대로 파악할 때 우리는 바른 판단을 할 수 있고, 바른 판단이라야 바른 선택을 할 수 있으며, 바른 선택이라야 고통에서 벗어나 자유와 행복으로 이끌어주기 때문입니다.

이 세상은 대소유무의 이치로써 건설되고 시비이해의 일로써 운전해 가나니, 세상이 넓은 만큼 이치의 종류도 수가 없고, 인간이 많은 만큼 일의 종류도 한이 없느니라. … (중략) … 우리는 천조의 난측한 이치와 인간의 다단한 일을 미리 연구하였다가 실생활에 다다라 밝게 분석하고 빠르게 판단하여 알자는 것이니라.

그렇습니다. 사리 간에 연구력을 갖추어야 실제 일을 당해서 밝게 분석하고 빠르게 판단하는 지혜의 힘을 발휘하여 우리가 원하는 것을 선택할 수 있죠. 그렇다면 이러한 지혜의 힘은 어떻게 길러 나갈 수가 있을까요?

결국, 많이 경험하고, 널리 보고, 열린 자세로 배우며, 깊이 생각하고, 끝까지 의문하며, 타인과 의견을 교환하여 일과 이치 간에 모르는 것을 알아가는 노력을 쉬지 않는 겁니다. 말하자면, 일이 있을 때는 그일 그 일에서 알음알이를 얻고, 일이 없을 때에는 널리 성현의 경전을 연마하고, 스승이나 동지로 의견을 교환하며, 보고 듣고 생각하는 중에 의심이 생기면 그 의심이 해결될 때까지 연마하고 궁구하는 거죠. 이렇게 일과 이치간의 시비이해와 대소유무, 나와 세상의 본래 이치까지 꿰뚫어 아는 지혜의 힘을 갖추게 되면, 누구를 만나고 어떤 일을 당하더라도 보다 빠르고 바른 판단으로 불필요한 고통을 덜고, 자유와 행복의 길로 나아갈 수 있을 것입니다. 자, 어디서부터 시작해볼까요?

27

악은 버리고 선을 취하는 힘

어제서야 그간 미뤄오던 방 청소를 말끔하게 끝냈습니다. 1시간이면 될 일을 차일피일 미루다 마음만 무거웠죠. 일하는 시간은 '해야 하는데…' 하며 허비하는 시간에 비하면 정말 아무것도 아닌데 말입니다. 무슨 일이든 그렇죠. 필요하다 느낄 때, 그 마음 하나로 몸을 움직여 실천하면 될 일을 우리는 얼마나 '해야 하는데 하면서 차일피일 미루며' 머리 복잡하게 지내는지 모릅니다. 해야 한다고 느낄 때 바로바로 실행해서 처리해버리면, 우리 삶이 얼마나 단순하고 여유로워질 수 있을까요?

농사를 지으며 배우는 것들이 한둘이 아닙니다. 어느 순간 농사는 내가 짓는 것이 아니라, 자연과 함께 하는 일이라는 것을 알게 되었죠. 어디 농사뿐이겠어요? 우리 삶은 내 힘으로 사는 것처럼 보여도, 실상은 직간접적으로 얽혀있는 수많은 사람과 사물, 상황들이 함께 만들어내는 작품입니다. 어떻게 생각하면, 실질적으로 우리가 하는 일이 훨씬 미미한 일일 수도 있죠.

한 알의 씨앗이 밭에 심어져서 한 포기의 완숙한 채소로 자라는 일만 보아도 그렇습니다. 실제 제가 하는 일은 씨앗을 구해서 밭에 심고 가끔 물을 주는 일밖에 없죠. 나머지는 하늘과 땅이 알아서 키웁니다. 적당한 햇살과 바람, 비와 이슬, 땅속의 영양분과 생명력이 힘을 합해서 한 알의 씨앗이 한 포기 채소로 자라도록 최선을 다하죠.

그런데도 땅에 심어지지 않는 씨앗을 어찌할 수는 없는 일입니다. 최소한 씨앗을 밭에 심는 실천은 우리의 몫인 거죠. 아무리 생명력 가득한 씨앗을 가지고 있더라도 때맞춰 땅에 심는 실행이 없다면 초록의 싱싱한 야채는 없다 이겁니다.

그렇게 보면 실질적인 우리의 작은 실천에 비해 돌아오는 결과는 엄청나죠. 천지 부모 동포 법률의 사은 덕분입니다. 그러므로 무엇을 심느냐 하는 것이 관건이 되죠. 거름이 풍부한 밭에는 야채도 잘 자라지만 잡초도 무성해지는 것처럼 우리가 어떤 실천을 하느냐에 따라 상상할 수 없는 결과가 초래되기 때문입니다.

능숙한 농부가 때맞춰 잡초를 제거하고 채소를 심고 가꾸듯, 행복을 꿈꾸는 공부인은 눈과 귀와 코와 입과 몸과 마음을 사용할 때마다 인 것은 하고 아닌 것은 안 하는 실천이 필요합니다. 그래야 원하지 않는 고통이 줄어들고 원하는 행복에 다가갈 수 있죠.

우리 인류가 선이 좋은 줄은 알되 선을 행하지 못하며, 악이 그른 줄은 알되 악을 끊지 못하여 평탄한 낙원을 버리고 험악한 고해로 들어가는 까닭은 그 무엇인가. 그것은 일에 당하여 시비를 몰라서 실행이 없거나, 설사 시비는 안다 할지라도 불같이 일어나는 욕심을 제어하지 못하거나, 철석같이 굳은 습관에 끌리거나 하여 악은 버리고 선은 취하는 실행이 없는 까닭이니, 우리는 정의어든 기어이 취하고 불의어든 기어이 버리는 실행 공부를 하여, 싫어하는 고해는 피하고 바라는 낙원을 맞아 오자는 것이니라.

악惡은 버리고 선善은 취하는 실행만이 우리를 보다 나은 내일로 이끌어줄 수 있습니다. 막연한 기대나 바람만으로는 그 길에 들어설 수 없죠. 인 것과 아닌 것을 잘 판단하여 인 것은 하기 싫어도 실천하고, 아닌 것은 아무리 매력적이라도 과감히 뿌리쳐야 합니다. 생각만이 아니라, 몸과 입과 마음으로 실질적인 실천을 해야죠. 개과천선, 잘못된 것을 고쳐서 업장을 소멸하고 널리 선을 실천하여 공덕을 쌓아가는 이 일이 모든 종교의 핵심이자 행복을 부르는 습관 아닐까요?

28

신분의성으로 진행하게 되면

사람들은 누구나 원하는 일이나 해야 하는 일들이 있습니다. 그런데 어떤 사람은 쉽게 하고, 또 어떤 사람들은 힘들어하면서 해내지를 못하죠. 무슨 차이일까요? 분명 어떤 차이가 있을 텐데 말입니다. 일을 이뤄내는 사람들에게는 어떤 공통된 특징이 있죠. 물론 일을 해내지 못하는 사람들에게도 특징이 있습니다.

원불교에는 이 특징들이 일목요연하게 8가지 조목으로 제시되어 있습니다. 진행 4조와 사연 4조라고 하는데요. 일이 될 수밖에 없는 4가지 조목과 일이 될 수 없게 하는 4가지 조목을 말합니다. 진행사조進行四條를 실천하여 일이 되게 하고, 사연사조捨捐四條를 미리 방지하여 매사에 실패가 없도록 경계하는 것이죠. 텃밭에 풀을 뽑으면서 기르고자 하는 채소를 길러야 원하는 채소를 제대로 수확할 수 있는 것처럼 말입니다.

우선 일이 되게 하는 특징으로는 신信·분忿·의疑·성誠이 있죠. 신이란 '믿음'으로서 '만사를 이루려 할 때에 마음을 정하는 원동력'입니다. 스스로 '된다'는 믿음이 생겨나면 무슨 일이든지 도전해 볼 수 있죠. 도전뿐 아니라, 중간에 포기하지 않고 끝까지 최선을 다할 수 있는 저력도 바로 이 믿음에 뿌리 합니다. 정말 이 '믿음의 힘'은 불가사의하죠. 불가능한 것을 가능하게 하고, 이루지 못할 것 같은 일도 이뤄내는 어떤 힘이 있습니다. 사실 믿음도 마음의 힘입니다. 사소한 이해나 욕심, 욕속심 등에 흔들리지 않고, 선입견이나 편견 등의 어리석음에 가리지 않아야 생기는 힘 말이죠. 그래서 종교가에서는 진리에 대한 믿음을 강조합니다. 어떻게 접근해도 걸림이 없는 진리라야 굳건한 믿음이 서 있을 수 있는 토대가 되기 때문이죠.

분이란 '용감하고 굳세게 나아가는 힘'으로서 '만사를 이루려 할 때 권면하고 촉진하는 원동력'입니다. 사실 지나고 생각해보면 안일하게 미루거나 회피하려 할 때가 문제지 소매를 걷어붙이고 용기 있게 직면하면 못할 일이 없죠. 이렇게 적극적으로 부딪쳐서 용기 있게 대처하는 과정을 통해 문제해결능력이나 자신감이 생겨납니다. 선순환이죠.

의란 '일과 이치에 모르는 것을 발견하여 알고자 함'을 말하는 것으로, '만사를 이루려 할 때 모르는 것을 알아내는 원동력'입니다. 모르겠으면 의문을 가져야죠. 물어야 합니다. 스스로 곰곰이 생각하거나, 남에게 묻거나 배우거나 상의를 해서 모르는 것을 알아가야죠. 그래야 앎에 진전이 있고, 좀 더 현명하고 나은 방식으로 삶의 문제를 해결하고 원하는 삶을 살아갈 수 있게 됩니다.

성이란 '간단없는 마음'으로 '만사를 이루려 할 때 그 목적을 달하게 하는 원동력'입니다. 노력 없이 얻을 수 있는 묘안은 없죠. 노력한 만큼, 공들인 만큼 이뤄지는 법입니다. 인디언들의 기우제는 반드시 효과가 있다고 하죠. 비가 내릴 때까지 기도하기 때문입니다. 이처럼 무슨 일이든지 될 때까지 정성을 다한다면 무슨 일이든 기필코 이루어낼 수 있겠죠.

될 일을 하는 사람들은 이 신분의성으로써 믿고, 분심을 일으키고, 의문하고, 정성을 다해 이뤄나갑니다. 하고자 하는 일이나 원하는 일이 있으신가요? 신, 분, 의, 성. 이 네 가지 마음의 힘으로 시도해 보세요. 어떤 일이 일어날까요?

29

불신, 탐욕, 나와 우를 떨쳐버려야

살아갈수록 '열심히 사는 것'이 아니라 '잘 사는 것'이 정말 중요하다는 생각이 듭니다. 열심히 산다고들 하지만, 잘 살지 못하면 오히려 자신뿐 아니라 타인까지도 괴롭힐 수 있기 때문이죠. 안타까운 것은 그런 사람일수록 그 사실을 잘 모른다는 겁니다. 그러므로 바른 진리를 믿고, 좋은 스승과 도반이 있는 종교생활을 한다는 것이 얼마나 소중한 일인지 모르죠.

젊어서 바쁘다는 이유로, 또는 다른 소중한 것들을 먼저 해결하느라 종교에 관심을 두기가 쉽지 않습니다. 하지만, 삶이란 살아갈수록 더 바쁘고 복잡해진다는 사실을 고려한다면 한 살이라도 어릴 때 '무작정 돈 벌고 열심히 살기'보다는 '진리를 믿고 잘사는 일'을 우선순위에 두어야 하지 않을까 합니다.

사람들은 행복을 바라지만, 실제 삶이 그렇지 못한 데는 그만한 이유가 있습니다. 심지어 똑같은 상황에서도 사람마다 느끼는 행불행에는 차이가 있죠. 무슨 차이일까요? 행복으로 가는 길을 방해하고, 불필요한 고통에서 벗어나지 못하게 하는 습관이나 삶의 방식은 무엇일까요?

원불교에는 사연사조捨捐四條라고 하여 우리가 버려야 할 4가지 조목이 있습니다. 바로 불신不信, 탐욕貪慾, 나懶, 우愚죠. 불신이라 함은 말 그대로 '믿지 않는 것'으로, '만사를 이루려 할 때 결정을 얻지 못하게' 합니다. 사람은 생각할 수 있으므로 신념에 좌우됩니다. 무엇을 믿느냐에 따라 행동한다는 거죠. 그러므로 믿음이 없는 일을 하기는 쉽지 않습니다. 결정을 못할 뿐 아니라 불안해서 앞으로 나아가기가 쉽지 않죠.

그렇다면 어떻게 이 불신을 믿음으로 전환할 수 있을까요? 경험하기 어려운 영역은 검증된 이들이 설파한 교리나 이론 등에 대해 순수한 믿음을 갖고 스스로 체득해 나가는 방법이 있을 수 있고, 경험할 수 있는 영역은 자신의 경험을 통해 이해해 나갈 수 있습니다. 그렇게 형성된 굳건한 믿음은 어떠한 유혹이나 갈등의 상황에서도 우리를 지켜주고, 만사를 이루는 원동력이 되죠. 그러니 불안하고 판단이 서지 않는다면 우리의 믿음과 이해도를 점검해야 합니다. 어디서 무엇이 문제인지를 살펴보는 거죠.

탐욕이란 '모든 일을 상도에 벗어나서 과히 취함'을 말합니다. '과욕이 화를 부른다'고 하죠. 적당한 선에서 행복하지 못하고,

과하게 바라고 원하는 데서 많은 불행과 고통이 초래됩니다. 그러니 쉽게 화가 나고 자주 힘들다 느껴진다면 알아차려야 합니다. 다른 사람이나 상황 때문이 아니라, 내 욕심이라는 사실을 말이죠.

나태는 '만사를 이루려 할 때 하기 싫어함'을 말합니다. 이 게으름의 문제는 누구나 유혹당하기 쉽고, 일상에서 극복해야 할 과제 중의 하나죠. 하려는 사람에게는 못할 일이 없지만, 안 하려는 사람에게 할 수 있는 일이 없습니다. 삶의 목표를 명확하게 하여 나태가 우리를 강급의 길로 끌고 가지 않도록 주의할 일이죠.

우치란 '대소유무와 시비이해를 전혀 알지 못하고 자행자지함'을 말합니다. 아이러니한 것은 모르는 사람은 자신이 모른다는 사실을 알지 못하고, 아는 사람은 스스로 모르는 것이 많다는 것을 잘 안다는 거죠. 그러므로 어리석음 또한 나태와 마찬가지로 누구나 안고 있는 고질적인 문제 중의 하나입니다.

버려야 할 이 4가지 조목 가운데 특히 지금 우리가 걸려있는 조목은 무엇일까요?

30

사은사요를 실천하는 삶, 잘사는 삶

어떻게 사는 것이 잘사는 것일까요? 보통 사람들은 젊어서 공부하고, 직장 구하고, 결혼하여 가사와 육아를 책임지며 열심히 살죠. 자녀가 생기면 정말 부모들은 그 자녀들을 위해 온통 바치느라 자신의 삶을 돌아볼 여유도 없습니다.

하지만, 나이 들어 진정한 자신의 현주소와 마주하게 될 때 인생의 참 의미를 되새겨보죠. 대부분의 사람은 가족 중심입니다. 주로 나와 내 가족의 건강과 안위에 특별한 문제만 없다면 다른 일에는 별 관심이 없죠. 주위를 돌아볼 여유도 없고, 나 자신의 본성에 대한 관심도 없습니다. 그러다 나이가 들고 존재감이 줄어들게 되면 마음 붙일 곳을 찾지 못해 허전해 하거나 외로워하죠. 그러면서 남들이 알아주나 몰라주나 하는 대우에 일희일비하며 원하는 대로 해주지 않으면 쉽게 불평불만을 하곤 합니다.

그래서 가정마다 부모님이 생존해 계셔서 정말 감사한 일이기도 하지만, 온 가족의 짐이 되기도 하죠.

남의 일이 아닙니다. 삶에 대한 특별한 통찰이 없이, 그 살아가는 방식에 대한 진지한 고민이 없이 그저 하루하루를 본능이나 욕심, 집착에 끌려 살게 되면 그러한 삶은 불을 보듯 뻔한 일이죠.

하지만, 신앙을 가진 분들은 확연한 차이가 있습니다. 물론 잘 믿고 수행을 잘한 경우죠. 열린 마음으로 유연하고, 일과 사리 간에 지혜로우며, 널리 대중에게 유익을 주시는 분들입니다. 이분들의 공통된 특징은 삶을 잘사는 법을 안다는 겁니다. 그냥 사는 것이 아니라, 잘사는 법을 아는 거죠. 원불교에는 인생을 잘살아갈 중요한 길로 '인생의 요도, 사은사요'를 제시합니다. 잘사는 사람은 사은에 입은 은혜를 감사하며 보은하며, 사요로서 널리 대중에게 유익을 주며 사는 사람이죠.

살아갈수록 '나라는 실존'에 대해 자각이 생겨납니다. 우리 각각의 존재가 수면 위에서 보면 개별적인 섬처럼 보이지만, 수면 아래에서는 하나로 만나는 하나의 큰 생명, 하나의 큰 몸이라는 자각 말이죠. 내가 혼자 사는 것이 아니라, 천지·부모·동포·법률 사은의 도움과 합력, 희생으로 우리의 생명이 이어지고 우리의 삶의 질이 향상된다는 겁니다. 그렇게 본다면 우리는 결코 나 혼자, 내 가족만 잘사는 것으로 행복해질 수만은 없는 그런 태생적 한계를 갖죠.

그런 자각이 생기면 삶에 변화가 옵니다. 너무 큰 은혜를 입고 있고, 우리 모두 떼려야 뗄 수 없는 관계로 서로 도움을 주고받고 있다고 느끼면 뭔가를 주고 싶은 것이 인지상정이죠.

우리가 처한 곳에서 우리가 만나는 인연들에 뭔가 해주고 싶은 마음이 나는 겁니다. 그 실천이 바로 사요죠. 내 힘을 길러 도움이 필요한 이들을 돕고, 지혜로운 자를 본위 하여 묻고 배우며, 타인의 자녀라도 내 자녀와 같이 교육의 기회를 제공하고, 대중을 위하는 사람을 숭배하고 우리도 그렇게 대중에게 널리 유익을 주는 삶을 살아가게 되는 거죠. 이러는 가운데 우리의 행복은 배가됩니다. 나도 행복하고 세상도 행복해지죠.

그래서 눈 밝은 성현들은 종교의 문을 엽니다. 일시적인 행복에 머물지 말고, 실상을 봐서 그 행복이 오래 갈 수 있는 인생의 소중한 길을 밝혀주신 것이죠. 사은사요를 실천하는 삶, 잘사는 삶에 한발 다가가는 길입니다.

31

공부를 잘 하는 길, 삼학팔조

    사람들은 누구나 잘살고 싶지만, 누구나 잘살 수 있는 것은 아닙니다. 무엇이 어떤 사람은 잘살게 하고, 어떤 사람은 그렇지 못하게 하는 걸까요? 누구나 잘살 수 있는 좀 편하고 쉬운 길이 있을까요? 아니면 어느 날 문득 알아지거나 하루아침에 그렇게 될 수도 있는 걸까요?

    사실, 잘살려면 그런 요행을 바라는 마음부터 내려놓아야 합니다. 그런데도 많은 사람이 '다른 사람은 몰라도 나는 노력 안 해도 복 받고 내가 원하는 대로 이루어지지 않을까' 하는 막연한 기대로 세상이 내 뜻에 맞춰주기를 바라죠. 그래서 진리의 길을 가기보다는 어떤 요행과 기대로 다른 사람이나 상황을 탓하며 적극적인 자기 변화를 시도하지 않습니다.

    잘살기 위해, 잘사는 방법을 알기 위해, 알아진 방법대로 실천을 하기 위해서는 노력이 필요합니다. 특별한 노력이 필요하죠. 생소하고 눈에 보이지 않는 마음과 진리에 관한 공부이기 때문에 믿음에 바탕을 두어 특별한 노력이 필요한 겁니다.

바로 공부죠. 공부해야 합니다. 그것도 잘해야 하죠. 그래서 『정전』에는 삼학과 팔조가 공부의 중요한 길로 제시되어 있습니다. 정신수양, 사리연구, 작업취사의 삼학과 신, 분, 의, 성의 진행 4조와 불신, 탐욕, 나태, 우치의 버려야 할 4조죠. 만일 우리가 마음이나 세상이 돌아가는 이치를 잘 알아서 그 이치에 맞춰서 살아간다면, 우리가 바라는 삶에 더욱 가까이 다가갈 수 있다는 겁니다.

정말 잘사는 삶이란 재산이나 명예를 많이 갖는 것도 중요하지만, 인생의 요도인 사은보은과 사요실천을 통하여 매사에 감사하고 보은하며, 세상을 위해 널리 유익 주며 살아가는 삶이죠. 그러한 삶을 살아가기 위해서는 그러한 삶이 잘사는 삶임을 이해할 수 있는 지혜의 안목과 옳은 것을 실천할 수 있는 실행의 힘, 욕심이나 집착 등에 끌리거나 기울어지지 않는 정신의 자주력이 필요합니다. 그러한 힘은 한편으로는 게으름과 나쁜 습관을 극복하고, 불신과 탐욕을 버려가면서 한편으로는 바른 믿음에 바탕을 두어 분발심을 일으키고 의문을 일으키며 끝까지 정성을 다해야 하죠. 물러나지 않는 공부심으로 꾸준히, 차근차근, 잊어버리지 않고, 놓아버리지 않고 공부를 해가다 보면 공부에 진전이 있고, 삶에 변화가 일어나기 시작합니다.

마음에 요란함이나 근심, 걱정, 편견이나 집착이 줄어들고 고요함과 평화가 자리하며, 일과 이치 간에 지혜가 생겨 억지를 쓰지 않고, 자기중심적인 판단에서 벗어나 전체와 부분, 지금과 변화될 측면까지 보아서 언제나 열린 마음과 바른 판단력을 갖게 되며, 몸과 마음을 사용함에서도 할 일은 하고 하지 말아야 할 일은 하지 않으며 널리 대중에게 이익을 주고 감사와 보은을 실천하게 되는 거죠. 공부를 잘 하다 보면 자연스럽게 그렇게 잘사는 길로 접어들게 됩니다.

하지만, 공부 길을 잘 잡지 못하면 정신에는 자주력도 생기고, 일과 이치 간에 적당히 아는 힘도 생기며, 실천의 힘도 생기지만 그러한 마음의 힘이 자신이나 가족의 이익이나 안위만을 생각하여 널리 대중에게 이익을 주지도 못하며 보은은커녕 기회 되는 대로 자기 욕심을 채우며 남을 이용하며 뜻대로 되지 않으면 불평불만의 삶을 살아갈 수도 있습니다.

그러므로 공부의 목적을 잘 알아서, 잘사는 삶을 위한 공부가 되도록, 공부를 잘 하는 것 또한 명심할 일입니다.

32

사대강령, 원불교인의 신앙 수행 표준

"원불교를 다니면 어떤 점이 좋은가요?"

정말 한 번쯤 생각해볼 문제입니다. 적지 않은 시간과 에너지를 투자하여 종교생활을 하는데 좋은 점이 있긴 있어야겠죠. 종교생활의 장점 중 하나는 '삶의 문제를 해결하고, 더 나은 삶을 향해 나아갈 수 있다'는 것입니다. 자신이 처한 문제를 스스로 해결하고, 지금 삶에 만족하며, 더욱 나은 내일을 열어갈 지혜와 힘이 있다면 굳이 종교생활을 하지 않아도 되죠. 하지만, 우리의 지혜는 얼마나 천단하며 인생의 고통은 얼마나 끊임이 없습니까?

그 끊임없는 고통을 줄이고 지금도 행복하고 나중에도 행복하기 위해 우리는 우리보다 나은 안목을 가진 성현의 가르침에 의지해서 신앙하고 수행하면서 한 발 한 발 행복과 성장의 길로 나아갑니다. 그 길로 나아갈 때 정확한 방향과 구체적인 목표를 가지고 걸어간다면 훨씬 쉽게 그 목적지에 다다를 수가 있죠.

　원불교에서 제시하는 신앙 수행의 방향과 목표는 '사대강령'에 집약되어 있습니다. '정각정행, 지은보은, 불법활용, 무아봉공'이 그것이죠.

　　"정각정행"은 일원의 진리 곧 불조 정전의 마음자리를 깨달아 그 진리를 체받아서 안·이·비·설·신·의 육근을 작용할 때에 한 편으로 기울거나 의지하는 바가 없고 지나치거나 모자람이 없이 원만한 행을 하자는 것이며, "지은보은"은 우리가 천지와 부모와 동포와 법률에서 은혜 입은 내역을 깊이 느끼고 알아서 그 피은의 도를 체받아 보은행을 하는 동시에, 원망할 일이 있더라도 먼저 모든 은혜의 소종래를 발견하여 원망할 일을 감사함으로써 그 은혜를 보답하자는 것이며, "불법활용"은 옛날과 같이 불제자로서 불법에 끌려 세상일을 못할 것이 아니라 불제자가 됨으로써 세상일을 더 잘하자는 것이니, 다시 말하면 불제자가 됨으로써 세상에 무용한 사람이 될 것이 아니라 그 불법을 활용함으로써 개인·가정·사회·국가에 도움을 주는 유용한 사람이 되자는 것이며, "무아봉공"은 개인이나 자기 가족만을 위하려는 사상과 자유 방종한 행동을 버리고, 오직 이타적 대승행으로써 일체중생을 제도하는 데 성심성의를 다 하자는 것이니라.

모든 경계를 당해서 몸과 마음을 사용할 때에, '나의 욕심이나 집착'에 근거한 안목이 아니라, 참된 진리를 깨달아 치우침이 없이 원만하게 행동을 하고, 우리의 존재와 삶의 질이 가능하도록 돕고 이끌어주는 사은의 은혜를 자각하여 늘 감사하고 보은하는 마음으로 살아가며, 불법을 알아서 삶을 빛내고 세상에 도움이 되도록 하며, 자기 자신이나 가족만을 위하려는 마음을 키워 널리 타인을 이롭게 하고 행복을 함께 나누는 삶을 살아간다면 자신의 인생뿐 아니라 모든 인류가 함께 행복할 수 있게 되죠.

이러한 표준을 갖고 사느냐, 무작정 사느냐에 따라 삶의 태도에 차이가 납니다. 결국, 그 인생의 노후와 내생에 결정적인 영향을 미치죠. 종교에 입문을 하더라도 이러한 신앙 수행의 목표를 자각하지 못하는 경우가 있긴 하지만, 그래도 이러한 사실을 깨닫고 실천하는 재미로 살아간다면 하루하루가 훨씬 생생약동하고 의미 있는 삶이 될 것입니다.

종교생활을 하면서도 외롭거나 힘들고 행복하지 않다면 우리의 신앙 수행 표준을 한 번 챙겨보면 어떨까요? 정각정행, 지은보은, 불법활용, 무아봉공의 이 사대강령을 우리는 얼마나 중요한 가치로 여기며 살아가고 있는 걸까요?

33

정각정행,
바르게 깨달아 실행을 원만하게

우리가 행복하지 못하거나 고통스러운 이유를 생각해본 적이 있으신가요?

일단 우리가 힘들다는 생각이 들기 시작하면 그 원인을 밖에서 찾으려는 경향이 있습니다. 상황이나 남을 탓하려 하는 습성이 있다는 거죠. 그러다 보니 그 괴로움이나 불행을 개선할 방도를 찾기가 어려워집니다. 나는 작고 세상은 복잡하며, 나와 생각이 다른 사람을 어떻게 할 수 없기 때문이죠. 그러니 끝없는 고통의 바다에서 경계 따라 상황 따라 일희일비하면서 출렁이게 됩니다.

그에 반해, 예로부터 성현들은 '날마다 좋은 날'을 살았습니다. 가는 곳마다 주인이었고, 서 있는 곳마다 진리를 나투었죠. 방법이 있다는 이야기입니다. 어떠한 상황에서도 쉽게 흔들리지 않고, 매 순간을 행복하게 살아갈 수 있다는 거죠.

그분들과 우리의 차이는 어디서 비롯되는 걸까요? 그것은 아마도 그분들은 보시는데 우리는 아직 못 보는, 그러니까 흔히들 말하는 깨달음, 지혜의 차이입니다. 그분들에게는 보이는 세상과 마음의 이치가 우리에게는 아직 잘 보이지 않는다는 거죠.

그러므로 우리 스스로 보는 일이 중요합니다. 그분들이 보셨던 세계, 그 분들이 보셨던 세상과 마음이 돌아가는 이치를 보아야죠. 안 보이니, 믿음으로 출발하는 겁니다. 하지만, 믿음이 종착지는 아니죠. 믿음이 이해가 되는 순간, 믿고 있던 것이 제대로 보일 때, 비로소 우리의 지혜의 빛은 힘을 발할 수 있게 됩니다. 이 지혜의 빛으로 세상을 보고 일상에서 일어나는 모든 일을 비춰보게 되면, 밝은 태양 아래 사물이 있는 그대로 보이듯이, 우리 자신의 마음과 우리를 둘러싼 환경과 경계들이 제대로 보이게 되는 거죠. 그렇게 제대로 보이면 바른 판단을 하고, 그 판단에 따라 행하면 실수나 고통이 줄어들게 됩니다. 지혜롭고 행복한 삶이 가능해지는 것이지요.

원불교 대종사께서는 『정전』 교의편에서 일원상의 진리와 사은사요, 삼학팔조 등의 교리를 체계적으로 밝힌 후, 마지막 장에서 이러한 교리가 실제 삶 속에 적용될 때 어떤 삶의 방식으로 나타나는지를 사대강령이라는 형식으로 밝혀 놓았습니다. 그중 한 가지가 정각정행이죠. 믿지만 말고 깨달으라는 것입니다. 바르게 깨달아서 깨달음에 바탕을 두어 원만하게 실행을 하라는 거죠. 그래야 우리의 삶이 우리가 원하는 대로 나아갈 수 있기 때문입니다.

그렇다면 현실적인 우리 삶의 모습은 어떠합니까? 지혜는 짧고, 고집은 셉니다. 잘 알지도 못할 뿐 아니라, 아는 것도 실행을 못 하죠. 남 잘되는 것을 보면 욕심을 내지만, 노력은 하지 않습니다. 그러면서 은연 중에 요행을 바라죠. 짓지 않은 복을 바라고, 대우를 바라며, 잘 살기를 바랍니다. 그러다가 뜻대로 되지 않으면, 상황과 상대방을 탓하며 화를 내죠. 화를 낼 수 없으면 서운해 하고 상처를 받습니다.

뜻대로 되지 않는 세상, 화나고 서운한 상황들은 모두 남 탓이 아닙니다. 제대로 보지 못하고, 제대로 실행하지 못한 나의 심신 작용의 결과죠. 그러니 정각정행, 바르게 깨달아 원만하게 실행하는 이 일은 우리의 행복을 향한 화두이자 근원적인 해법이 됩니다. 지금이라도 우리 같이 시작해볼까요? 진리는 어디에 있습니까? 어떻게 해야 보이나요? 지금 우리가 끌리고 가리는 것은 무엇인가요?

34

지은보은,
은혜를 발견하여 감사하고 보은

　살면서 누군가에게 신세를 졌다고 느끼면 갚고 싶은 마음을 냅니다. 지금 이 순간에도 '기회만 되면 누구에게 뭔가를 해줘야겠다' 하는 마음을 가진 분들이 있을 텐데요. 그 내용을 보면 큰 은혜를 입은 경우도 있지만, 어렵거나 아쉬울 때 받은 사소한 것들이 대부분입니다.

　하지만, 큰 은혜는 어떻습니까? 부모님이나 스승님으로부터 평생을 통해 받은 은혜를 비롯하여 일상에서 우리 생명의 보전과 삶의 질을 유지할 수 있도록 도와주는 천지, 동포, 법률의 은혜에 대해서는 대부분 둔감합니다. '내리사랑'이라고 하죠. 아낌없이 주는 은혜에 대해서는 받고 신세 지는 것을 당연한 듯 여기기가 일쑤입니다. 그래서 이미 크게 받는 은혜에 대한 감사함은 커녕, 지금 가지지 못한 것에 대한 아쉬움, 불만, 불평, 원망심 등을 갖기가 쉽죠.

생각해보세요. 천지, 부모, 동포, 법률의 은혜가 없이도 우리의 삶이 지금과 같을 수 있는지를. 일단 부모 없이 만사만리의 근본인 이 몸을 얻기가 어렵고, 태어났다 해도 그 무자력한 몸으로 부모의 사랑과 헌신이 없이는 오늘과 같은 삶은 상상하기 어려울뿐더러, 동포의 도움이 없다면 당장 입고 먹고 거처하는 대부분도 어려워지고, 천지의 은혜 없이는 한순간의 생명을 이어가기조차 쉽지가 않습니다. 그런데도 우리는 이 모든 은혜를 깊이 느끼기도 어렵고, 그 은혜를 갚으려는 마음을 일으키기는 쉽지 않죠.

하지만, 겸허한 마음으로 지난 세월을 돌아보고, 돌아가는 세상사에 대한 이치를 이해하고 보면 마음은 달라집니다. 그간 받은 은혜는 너무 크고, 나는 너무 어리고 어리석었다는 생각을 하게 되죠. 부모님, 스승님, 동지, 친우, 지인을 비롯하여 이름조차 기억나지 않는 고마운 인연들, 지금 이 순간에도 우리가 인식하든 인식하지 못하든 어떤 형태로든 도움을 받는 수많은 사람, 생명이 있습니다.

그 은혜를 자각하게 되면, 삶의 태도가 달라집니다. 사소하고 구체적인 신세를 졌기 때문에 그에 상응하는 뭔가를 갚아야 한다는 계산적인 마음이 아니라, 너무나 크고 고마운 은혜를 이미 너무 많이 받았기 때문에, 너무 많은 욕심은 내려놓고 웬만하면 감사하며, 살아가는 내내 조금이나마 일상에서 은혜를 베풀고 살아가는 보은하는 자의 태도를 보이는 거죠.

그렇다면 과연 일상에서 은혜를 베풀고 보은하는 방법은 무엇일까요? 교당에 헌금을 많이 내고, 어떤 단체나 기관에 소속되어 봉공 활동에 참여하는 것도 한 방법이 되며, 자신의 삶을 절제하며 할 수 있는 최선을 다해 남을 위해 헌신하는 삶도 방법이 됩니다.

하지만, 그런 어떤 특정한 행위가 아니라 평상시 삶 속에서 몸과 입과 마음을 쓸 때 불만이나 불평보다는 감사와 만족이 앞서고, 남의 행복이 나의 기쁨이 되며, 널리 타인이나 다른 생명에게 유익을 주려는 그 따뜻하고 선량한 삶의 태도가 살아가는 일상을 보은하는 자의 삶으로 이끌어주기도 합니다.

결국, 은혜임이 느껴져야 합니다. 스쳐 지나간 인연들은 모두 은인이었고, 우리에게 일어난 모든 일이 결국은 은혜였다는 것이 느껴져야 한다는 거죠. 스스로 느껴지면 그 보은의 방법은 어떻게든 찾게 될 테니까요.

이미 너무 많이 받은 은혜, 어떻게 하면 느껴질 수 있을까요?

35

불법활용, 삶을 빛내는 종교생활

 사람들이 사랑하게 될 때 그 태도에 큰 차이가 있습니다. 어떤 사람들은 사랑함으로써 사랑하는 연인의 부모와 형제를 사랑하고, 나아가 그 사랑의 마음이 감사함으로 변하여 세상을 향해 더 좋은 사람이 되는 사람들이 있죠. 반면 또 어떤 사람들은 그 한 사람을 너무 사랑해서 그 사람에게만 매달립니다. 그 사람이 너무 소중해서 좋은 것은 모두 그에게만 주고 싶고, 사람으로서 의무와 책임을 소홀히 하며 일상의 삶조차 휘청거리죠. 집착에 가까운 사랑입니다. 이러한 사랑은 그 결말도 좋지 못하죠.

 종교생활도 마찬가지입니다. 종교를 가짐으로써 인격적으로 성숙하고 세상사에도 밝아져서 자신을 위해서나 타인을 위해 좋은 사람이 되어가는 사람이 있죠. 반면 어떤 사람들은 가정도, 직장도 불고하고 종교에만 매달리는 사람이 있습니다. 무엇을 위한, 누구를 위한 종교생활인지 의문이 가는 경우죠. 과연 이러한 모습이 종교를 창교하신 성현들의 본의일까요?

세계적으로 종교가에는 고민이 많습니다. 젊은 층의 유입이 줄어들고 노령화가 가속화되고 있기 때문이죠. 원불교만 보더라도 교당을 열심히 다니는 교도님들조차도 장성한 자녀들에게 종교생활을 적극적으로 권하지 못합니다. 자녀들이 바빠 보이기도 하고, 사회생활을 잘하려면 종교에 할애할 시간이 부족하다는 암묵적인 동의 때문이겠지요. 가정적으로나, 사회적으로 어느 정도 자리가 잡히면 그때쯤 종교생활을 생각해봐도 늦지 않으리라 생각하면서 말입니다.

하지만, 최근에 깨달았죠. 삶이 복잡해지고 치열해지는 이 순간이야말로 종교적 가르침이 절대적으로 필요한 때라는 것을 말입니다. 대학에 진학하는 순간부터 학교를 졸업하고 직장을 잡아서 성인으로 성장하는 과정은 말할 것도 없고, 직장생활을 시작한 후 겪게 되는 수많은 도전과 갈등의 상황, 사람을 사귀면서 비롯되는 연애와 결혼의 문제, 결혼 후 육아와 가사, 양가 부모형제와의 예측 못한 각종 갈등이나 어려운 상황들.

이 복잡 난해한 상황들을 자신의 지혜만으로 슬기롭게 대처할 수 있다면 얼마나 좋을까요? 하지만, 우리의 지혜는 천단하며 상황은 난해하고 변화무쌍합니다. 그럴수록 당면한 과제를 해결하고 더 나은 미래를 위해, 눈 밝은 성현의 안목이 필요하죠. 제대로 된 종교라면 종교 안에서만 통용되는 진리를 가르치는 것이 아니라, 삶을 빛내는 진리를 알려주기 때문입니다. 삶의 문제를 해결하고 더 나은 삶으로 인도하는 일, 그것이 종교의 사명이자 이 땅에 교무님과 성직자들이 존재하는 이유이기도 한 거니까요.

불제자가 됨으로써 세상에 무용한 사람이 될 것이 아니라 그 불법을 활용함으로써 개인·가정·사회·국가에 도움을 주는 유용한 사람이 되자는 것이니라.

특히 원불교 대종사는 철저하게 삶을 빛내는 종교를 의도했습니다. '파란고해의 일체생령을 광대무량한 낙원으로 인도하려 함'이라는 개교의 동기와 같이 이 세상 모든 인류와 생명의 삶이 더욱 빛나고 행복해지는 법을 제시하고자 했던 겁니다. 그러니, 종교와 사랑에 빠지는 일, 우리 일상의 문제를 해결하고 행복해지며 세상을 향해 더 큰 사랑을 배우고 실천할 수 있는 길입니다. 자녀들에게 권하지 못할 일도 아니고, 누구라도 나중으로 미룰 일은 더욱 아니죠. 이미 종교생활이 시작되었다고요? 그렇다면 삶이 빛나야 합니다. 자신과 가정과 세상을 빛내는 종교생활, 과연 어떻게 해야 하는 걸까요?

36

무아봉공,
작은 나를 벗어나 큰마음으로 큰살림

살아가는 일이 쉽지 않습니다. 겉으로 봐선 그저 편안하고 문제가 없어 보여도, 들여다보면 개인마다 가정마다 남모르게 헤쳐가야 할 수많은 도전과 과제로 두려움과 힘겨움 속에 살아가고 있죠. 그러니 주위를 돌아볼 여유가 없습니다. 허겁지겁 당면한 현안들을 해결하고 숨을 돌려 보려 하지만, 다가가면 멀어지는 신기루처럼, 삶은 또다시 새로운 과제를 우리 어깨 위에 올려놓죠. 이렇게 살아온 세월이 얼마입니까? 언제쯤 우리는 편안한 마음으로 여유를 갖고 주위를 돌아보며 스스로 행복하고 타인에게도 좋은 사람이 될 수 있을까요? 방법은 있는 걸까요?

'무아봉공', 원불교 대종사님께서 제시하는 방법입니다. '개인이나 자기 가족만을 위하려는 사상과 자유 방종한 행동을 버리고, 오직 이타적 대승행으로써 일체중생을 제도하는 데 성심성의를 다 하자'는 거죠. 나와 내 가족만 잘되려는 마음과 행동을 내려놓고 널리 대중에게 유익을 주라, 일체의 사욕을 떠나 국가 세계를 위하여 일하라는 것입니다. 사대강령의 정각정행, 지은 보은, 불법활용 이 모든 행위가 사실은 무아봉공으로 귀결이 되죠. 말하자면 불법을 배우고 깨닫고 활용해서 행해야 할 바른 행위나, 없어서는 살 수 없는 은혜를 느끼고 알아서 은혜를 갚아가는 행위가 결국은 자신이나 자기 가족만을 생각하지 않고 세상과 대중을 널리 이롭게 하는 일이 되기 때문입니다.

자기 문제도 해결을 못하는 우리에게 자신을 잊고무아 세상을 위해 힘써 일하라봉공는 말씀이 쉽게 이해가 되지 않죠. 그런데도 대종사님이나 성자 철인께서는 한결같이 타인과 다른 생명에 대한 사랑과 헌신을 강조했습니다. 왜 그러셨을까요?

그것은 그 길이 지금도 행복하고 영원히 행복할 수 있는 유일한 길이기 때문입니다. 생각해보면, 인류는 오랜 세월 주로 자신과 가족의 행복만을 추구하며 살아왔습니다. 하지만, 그 삶에 고통은 끝나지 않았죠. 그렇게 자기밖에 모르는 행복이란 아무리 채워도 끝이 없고, 지금 가진 행복마저도 언제 잃어버릴지 모르는 불안함이 동반되기 때문입니다.

그러기에 잊으라고 하셨죠. '나를, 나만, 나에게, 내가' 등등 그 나에 집착하는 마음을 내려놓으라고 한 겁니다. 그 '편협되고 이기적인 나'만을 위하려는 그 마음이 내려 놓이는 그 자리에 진정

참되고 지혜롭고 가슴 따뜻한 진정한 내가 자리할 수 있기 때문이죠. 그 지혜롭고 사랑 가득한 나에게 세상이란 크고 넓게 확장된 나에 대한 또 하나의 이름입니다.

사실, '나'라는 한 개체를 세상으로부터 별립한 독자적인 존재로 분리할 수 없죠. 태어나고, 먹고, 입고, 숨 쉬고, 살아가는 그 일련의 과정이 세상 모든 인연과 소통하며 만들어지는 합작품이기 때문입니다. 그 사실을 인식하고 내려놓으면 되죠. 나와 내 가족만을 위하려는 집착만 내려놓는다면, 세상의 기쁨이 나의 기쁨이 됩니다. 집착을 내려놓으면 시기나 질투는 물론 외로움이나 불안으로부터 아주 자유로워질 수 있죠. 세상이 어느새 든든한 또 하나의 가족으로 우리를 보호하고 사랑하게 되기 때문입니다.

평소에 우리가 익숙한 방식은 아니죠. 그러기에 수행 삼으라고 하십니다. 믿고 실행하면 스스로 경험할 수 있기 때문이죠. 무아봉공, 어디서부터 어떻게 실행해볼까요?

37

일상수행의 요법,
평상시 생활하며 수행하는 법

원불교는 생활종교입니다. 종교를 위한 종교가 아니라 삶을 빛
내는 종교죠.

우리의 일상이 행복해지고, 다른 사람이나 다른 생명의 삶이
더욱 행복해지도록 이끌고 돕는 종교라는 말입니다. 그러므로
원불교의 신앙과 수행은 삶의 무게를 훌훌 벗어버리고 깊은 산
중에나 들어가서 공부에만 전념할 수 있는 그런 형태가 아닙니
다. 치열하게 사랑하고 일하고 돈을 버는 생생한 삶의 현장에서
다양한 이해관계와 마주하며 다양한 인연과의 만남을 통해서 깊
어집니다. 사람이라면 피할 수 없는 의무와 책임을 이행하면서
도 그러한 일상에 매몰되지 않고, 일과 이치 간에 녹아 있는 진
리를 연마하며 그 진리를 따라 삶의 문제를 해결하고 더 나은 삶
을 향해 나아가죠.

생각해보면, 우리의 일상에서 일어나는 많은 일이 그 일 자체로는 좋고 나쁨이 없습니다. 그것을 바라보는 입장에 따라 좋고 나쁘게 받아들임만이 있을 뿐이죠. 그러므로 행복한 삶을 위해서는 세상을 바라보고 해석하는 나의 마음과 세상에서 일어나는 일들이 돌아가는 이치를 동시에 알아야 합니다. 성리性理라고 하죠. 내 마음이 운용되는 원리와 우주만유가 돌아가는 이치를 잘 알아서 진리를 따르고 순리를 따르면 행복은 따라오게 되어 있습니다. 나의 행복뿐 아니라 세상의 평화와 행복도 따라오죠.

그래서 원불교 소태산 대종사님께서는 평소 생활하면서 수행할 수 있는 요긴한 지침으로 <일상수행의 요법>을 제시했습니다. 지지고 볶는 일상에서 우리의 본래 마음을 잘 간직하고 진리를 따라 살아갈 수 있는 수행 표준이자 마음의 다짐과 같은 것이죠.

1. 심지는 원래 요란함이 없건마는 경계를 따라 있어지나니 그 요란함을 없게 하는 것으로써 자성의 정을 세우자.

2. 심지는 원래 어리석음이 없건마는 경계를 따라 있어지나니 그 어리석음을 없게 하는 것으로써 자성의 혜를 세우자.

3. 심지는 원래 그름이 없건마는 경계를 따라 있어지나니 그 그름을 없게 하는 것으로써 자성의 계를 세우자.

4. 신과 분과 의와 성으로써 불신과 탐욕과 나와 우를 제거하자.

5. 원망생활을 감사생활로 돌리자.

6. 타력생활을 자력생활로 돌리자.

7. 배울 줄 모르는 사람을 잘 배우는 사람으로 돌리자.

8. 가르칠 줄 모르는 사람을 잘 가르치는 사람으로 돌리자.

9. 공익심 없는 사람을 공익심 있는 사람으로 돌리자.

일상의 다양한 경계를 만나 흔들리고 어리석고 글러지려 할 때마다 본래 마음을 챙겨서 흔들림 없고 지혜롭고 올바른 마음을 회복하고, 굳건한 믿음과 용장한 분발심과 의문과 정성으로 믿지 못하고 탐욕스럽고 게으르고 어리석음을 물리치며, 원망할 일이 있더라도 은혜를 발견하여 감사생활하고, 자력을 세워 타력에 의지하려는 마음을 버리고, 배우지 않으려는 마음을 돌려 잘 배우고, 가르치지 않으려는 마음을 돌려 잘 가르치고, 나와 내 가족만 위하려는 마음을 돌려 널리 공중에 유익을 주는 삶이 되도록 마음을 쓰라는 것입니다.

쉽지 않죠. 쉽지 않기에 챙기고 단련하고 노력하는 일이 필요합니다. 그래서 수행이라고 하죠. 일상을 수행하는 마음으로 살고, 수행한 마음의 힘이 일상을 빛내는 선순환 말입니다. 일상수행의 요법, 우리도 이 지침으로 평상시 생활 속에서 마음을 챙기며 한 번 살아볼까요?

38

마음이 흔들림 없고, 지혜롭고, 바르게

우리의 수행이 차를 운전하는 것과 비슷하다는 생각을 합니다. 운전에 대한 기본적인 이론을 이해하고 일정 정도의 실습과 시험을 통해 운전자의 자격을 갖추면, 그때부터는 책에도 나와 있지 않은 다양한 상황과 변수들을 마주하며 실제적인 운전을 하게 되죠. 기본만 충실히 익히면 어떠한 길도 문제될 것이 없습니다.

문제는 어떠한 상황에서도 주의력을 잃지 않고 차량 흐름을 따르면서 각종 돌발 상황에 순발력 있고 안전하게 대처하는 것이죠. 결국 '이 정도면 되었다'며 '방심할 순간'은 없습니다. 늘 정신을 차리고 주변을 감지하며, 졸음이 오면 졸음을 쫓고, 처음 가는 길은 지도나 내비게이션을 보고, 새로운 나라에 가면 그 나라 교통법규를 익히는 등 끊임없는 관심과 주의력과 노력이 필요하죠.

우리의 수행도 마찬가지입니다. 우리가 믿어야 할 신앙의 대상이나 수행의 표준과 방법 등의 이론을 익혀야 하지만, 실제 삶에 적용할 때에는 무궁무진한 응용이 필요하죠. 원불교의 경우, 일원상의 진리와 삼학팔조와 사은사요의 교리를 기본 이론으로 하여 지지고 볶는 일상에서 마음의 힘을 기르고 은혜받은 내역을 알아서 감사하고 보은하며 원만하고 행복한 삶을 살아가는 응용의 전 과정이 실질적인 수행이죠.

능숙한 운전자가 주의력을 잃지 않고 주변상황에 따라 적절한 조치를 하며 안전하게 운전하는 것과 마찬가지로, 우리 수행자 또한 정신을 바짝 차리고 우리에게 주어진 의무와 책임을 이행하면서 삶이라는 여정을 주위 인연들과 함께 조화롭게 한 걸음 한 걸음 나아가야 합니다. 마음을 챙기면서 놓이면 다시 챙기고, 넘어지면 일어서고, 잘못되면 고치면서 끊임없는 노력의 길을 걷는 거죠. 그래서 적공積功이라고 합니다. 끊임없는 일상의 노력을 쉼 없이 더해가는 거죠.

평소에는 특별한 노력이 필요하지 않습니다. 우리 모두 부처의 마음을 갖고 있기 때문이죠. 시야가 트인 도로를 달리는 운전자처럼 대체로 우리는 흔들림 없고 지혜롭고 바르게 살아갑니다. 문제는 돌발 상황이죠. 경계를 당하면 흔들리고 가립니다. 욕심나는 경계나 편견, 선입견, 주견 등에 집착하게 되면 마음이 요란하고 어리석어지죠. 한번 욕심이나 자기 생각에 가리게 되면 무엇이 옳은지 그른지도 모른 채 자기 욕심만을 채우거나 자기 뜻만 관철하려 합니다. 뜻대로 안 되면 자신도 괴롭고 주위 사람들에게도 고통을 주죠.

이때가 진정한 수행의 힘이 필요한 순간입니다. 일단 멈추어서 정신을 차리고 마음을 고요히 하고 지혜의 빛을 밝혀 옳은 것을 지키는 거죠.

사실 욕심이 화를 부릅니다. 어떠한 경계를 당하더라도 '내 욕심'임을 알아차리면 쉽죠. 돌발 상황이 닥치면, 그래서 화가 나거나 억울하거나 노력 없이 구하려는 안일한 마음이 일어나면 정신을 차려야죠. 내 욕심임을 알아차리기만 해도 우리의 본래 마음, 흔들림 없고 지혜롭고 바른 마음으로 쉽게 돌아갈 수 있으니까요. 그것이 수행입니다. 주의력을 놓지 않고 안전운전을 하듯, 포기하지 않고 챙기고 돌리는 그 과정 자체가 일상의 수행입니다.

39

굳건한 마음의 힘으로
갖은 유혹을 물리치며

종교는 길입니다. 목적지에 닿을 수 있는 길이죠. 걷는 것은 우리 몫입니다. 스스로 걸음을 내디뎌야 원하는 곳에 갈 수 있죠. 마음을 챙기고 몸을 움직이는 실천을 통해 삶이 변하고 행복에 다가갈 수 있습니다.

"성주야! 아무리 해도 살이 안 빠지네. 어쩌면 좋아?"
"고모, 아무리 한 것 맞으세요? 혹시 생각만 하고 노력은 안 한 거 아니에요?"

며칠 전 조카와의 대화입니다. 어디 다이어트뿐일까요? 이 모습이 우리의 실상입니다. 살도 빼고, 공부도 잘하고, 돈도 잘 벌고, 부부관계도 원활하며 아이들도 잘 키우고 싶죠. 남들로부터 대우도 받고, 칭찬도 받고, 존재감을 드러내며 잘살고 싶습니다.

그런데 그게 뜻과 같이 쉽지가 않죠. 좋은 것은 갖고 싶고, 싫은 것은 피하고 싶습니다. 가지면 더 갖고 싶고, 나만 갖고 싶죠. 욕심이고 탐욕입니다. 게다가 개선을 위한 실천은 싫어하죠. 살던 대로 살고 싶고, 편안해지고 싶고, 불편하거나 힘든 일은 하기 싫어합니다. 게으름이죠. 때로는 뭐가 뭔지 알 수가 없습니다. 어떻게 해야 원만하게 원하는 것을 얻고, 원치 않는 것을 피할 수 있는지 방법을 모르죠. 힘들다고 하면서도 멈출 줄 모르고 자초한 고통에 끊임없이 괴로워합니다. 어리석음이죠. 한마음 돌이키면 벗어날 수 있는 길이 있더라도 마음을 못 내고 의심하며 결정을 못 합니다. 믿지 못하는 마음, 불신이죠. 이 모든 불신과 탐욕과 나태와 어리석음이 우리를 유혹하며 한 발짝도 나아가지 못하게 합니다.

사정이 그러하니, 아무리 마음이 있어도 실천은 더디고 삶은 쉽게 변화하지 않죠. 그러므로 마음을 챙겨야 합니다. 굳건한 진리에 믿음의 뿌리를 내리고, 꼭 이루려는 분발심을 일으켜, 끊임없이 의문하며, 끝까지 정성을 다해 우리가 원하는 길을 걸어가야죠. 오늘도 내일도 조금씩 쉼 없이 걸어가야 하는 겁니다. 잊지 않고 나아가는 것이 중요하죠.

그래서 원불교 사람들은 모일 때마다 '일상수행의 요법'을 암송합니다. 매일 좌선을 할 때마다, 모임이 있을 때마다 그 실천을 돌아보며 외우고 다짐하죠.

1. 심지는 원래 요란함이 없건마는 경계를 따라 있어지나니 그 요란

   함을 없게 하는 것으로써 자성의 정을 세우자.

2. 심지는 원래 어리석음이 없건마는 경계를 따라 있어지나니 그 어

   리석음을 없게 하는 것으로써 자성의 혜를 세우자.

3. 심지는 원래 그름이 없건마는 경계를 따라 있어지나니 그 그름을

   없게 하는 것으로써 자성의 계를 세우자.

4. 신과 분과 의와 성으로써 불신과 탐욕과 나와 우를 제거하자.

(하략)

갈 길은 멀고, 유혹은 달콤합니다. 정말 잘살고 싶지만, 어디
서부터 어떻게 해야 할지 잘 모르죠. 그래서 우리는 경전을 봉독
하며 성현들이 보신 세상을 믿고 진리에 대한 이해를 깊이 하며,
좌선을 통해 마음을 맑히고 밝히며, 기도를 통해 서원을 키워 나
갑니다. 노력 없이 이루어지는 일은 없기 때문이죠.

명심하세요. 무슨 일이든 한 방에 얻어지는 신비의 묘약은 없습
니다. 돌리고 세우고, 일으키고 제거하며 쉼 없이 나아가야 하죠.
끊임없이 챙겨야 합니다. 놓아도 자유로울 때까지 챙겨야 하죠.

40

만족과 감사를 선택하는 삶

살아갈수록 종교를 갖는 것이 좋은 것 같습니다. 종교에서 가르치는 '진리'가 종교 내에서만 통용되는 어떤 독단이 아니라 '순리이고 합리'이기 때문입니다. '도道'라고 하죠. 누구나 지켜야 할 '마땅한 도리'로서 눈 밝은 성현들께서 밝혀주셨고 그 가르침을 따르는 수많은 사람에 의해 보완과 검증을 거쳐 온 '믿을 만한 가르침'이라는 것입니다. 그러니 그 가르침대로 살아가기만 하면 보다 안전하고 행복한 삶을 살 수 있죠.

원불교 대종사께서는 평소의 수행덕목으로 '일상수행의 요법'을 밝혀주시고, 그 다섯째 조항에서 '원망생활을 감사생활로 돌리자'고 하셨습니다. 특별한 노력을 하지 않으면 원망생활을 하기 쉬우므로 챙기는 마음으로 감사생활을 하라고 하셨죠.

사실 우리 대부분은 태생적으로 '자기중심적인 한계'를 갖습니다. 우리 앞에 일어나는 수많은 일을 우리 본위로 해석하고 대응하죠. 세상은 크고 나는 작은데, 내 방식이나 나의 이익, 편의 등을 중심으로 생각하니 안분이나 만족이 쉽지 않습니다. 오히려 불평이나 불만, 원망이 쉽게 일어나죠. 그래서 돌리라고 하십니다. '원망하지 말고 감사하라'고 말이죠. 원망으로 살아서는 자신에게나 타인에게 도움이 되지 않을 뿐 아니라, 조금만 지혜를 밝히고 마음을 열면 감사생활을 할 수밖에 없기 때문입니다.

실제로, 아무리 똑같은 상황일지라도 받아들이는 태도에는 개인차가 크죠. '목마른 자에게 반 컵의 물'로 자주 비유되는 바와 같이 어떤 사람은 반 잔이라도 남아있어서 다행이라 생각하고, 어떤 사람은 목마른데 반밖에 없어서 불만입니다. 그러니 살면서 만나게 되는 수많은 경계와 만남들에 대한 우리의 태도를 우리가 선택할 필요가 있죠. 불평이나 불만, 원망보다는 만족과 감사를 선택하는 겁니다.

'십 분의 육만 뜻에 맞으면 만족하고 감사'하며, '의도치 않은 해를 입으면 상대방의 본의를 생각해서 감사'하고, '원망할 일이 있더라도 모든 은혜의 소종래를 발견해서 감사'하며, '열 번 잘못한 사람이라도 한 번만 잘하면 감사하게 생각'하고, '어떠한 역경이나 원망할 일을 당하더라도 사은의 근본원리를 알아서 끝까지 감사생활'을 하는 거죠.

어차피 일어날 일은 어떻게든 일어납니다. 피하려야 피할 수가 없죠. 그 일어나는 일을 두고 불평이나 불만, 원망을 할 수도 있고, 만족하고 감사할 수도 있습니다. 원망하면 불행에 가까워지고, 감사하면 행복에 가까워지죠. 선택은 우리의 몫입니다. 그래서 지혜로운 자는 만족하고 감사하며, 어리석을수록 불평과 불만, 원망하죠. 그러니 살면서 불평이나 불만, 원망이 일어난다면 정신을 바짝 차리고 자신에게 물어봐야 합니다.

'너무 내 중심적인 생각 아닌가? 내 욕심 아닌가? 더 나쁘게 될 수도·있었는데 이만한 게 다행 아닌가? 이렇게 되지 않을 수도 있었던가?'

여러모로 생각해보면서 지혜롭게 만족하고 감사하는 쪽을 선택하는 거죠. 어떤 상황이라도 해석과 선택은 우리 몫이니까요.

41

*

남에게 덕 보려는 마음을 놓고 자력을 길러야

개인이든 교당이든 빚이 있으면 마음이 무겁습니다. 심리적으로도 위축될 뿐 아니라 써야 할 돈을 쓸 때조차도 그 빚의 무게까지 감당하며 마음의 불편을 감수해야 하죠. 그래서 빚지는 일은 누구나 좋아하지 않습니다. 피하고 싶은 일이죠.

하지만 금전적으로 드러나는 빚이 아닌 경우에는 문제는 달라집니다. 공짜도 좋아하고, 힘 안 들이고 좋은 것을 갖고 싶어 하죠. 재물이든 노력 봉사든 무엇이든지 받는 것을 좋아합니다. 그렇게 너나 할 것 없이 복을 받는 것은 좋아하고, 짓는 것은 싫어하는 것이 인지상정인 거죠. 나쁜 일만도 아닙니다. 하지만, 문제는 늘 그렇게만 살아지지는 않는다는 것이고, 설사 한동안은 그렇게 살 수 있다 하더라도 영생을 일관할 수는 없다는 거죠. 짓지 않은 복을 계속 받을 수는 없기 때문입니다.

예전에 어떤 분이 '회사에서 사장생활 10년에 예순도 안 되어 바보가 되었다'는 말을 들은 적이 있습니다. 출근만 하면 직원들이 운전에서부터 인터넷 검색, 서류 작업, 전화 걸기까지 모든 일을 대신해주다 보니, 자력으로 할 일이 없었고, 그 상태로 퇴직하고 보니 스스로 할 수 있는 일이 거의 없어져 버렸다는 거죠. 그래서 뒤늦게야 안 하던 일 배우려니 너무 힘이 든다고 말입니다. 남의 도움이 좋기는 하지만, 한계가 있죠. 그러니 자력이 필요합니다. 스스로의 힘이라야 자유로울 수 있는 거죠.

어릴 때는 타력에 의지할 수밖에 없습니다. 부모님을 비롯한 많은 인연으로부터 조건 없는 헌신과 사랑을 받으며 성장하죠. 하지만 어느 정도 성장한 후부터는 스스로 '사람으로서 피할 수 없는 의무와 책임을 다해야' 하고, 나아가서는 '자력 없는 사람에게까지 도움과 보호를 주며' 살아가야 합니다. 그래야 개개인의 삶도 건강하고 자유로울 뿐 아니라, 재물이나 기회나 모든 것들이 선진에서 후진으로, 부모에게서 자녀로, 가진 자에서 부족한 자에게로 흐르며 건강한 세상을 유지할 수 있게 되죠.

그런데도 정말 타력 생활의 유혹은 달콤합니다. 수고로움 없이 다른 사람에게 덕을 보고 싶은 거죠. 공짜로 얻을 수 있다면 그렇게들 하고 싶어 합니다. 그러니 자력을 공부 삼아 양성해야 하죠. 아무리 힘이 들더라도, 너무 어리거나 늙거나 병든 상태가 아니라면 노력을 해서 자신의 힘을 길러야 합니다. 그렇게 자신의 힘을 갖춘 연후에 다른 사람들과 서로 도움을 주고받는 것은 아름다운 일이죠. 혼자 살 수도 없는 세상이고요. 하지만, 어떻게든 다른 사람에게 덕을 보려 하고, 의지하고, 도움을 받으려는 마음은 결국 자신을 망치는 어리석은 행위입니다.

그러므로 우리는 육체적 자활력, 경제적 자립력, 정신적 자주력을 공부 삼아 길러 나가야 합니다. 나태와 안일을 극복하고 자신의 건강을 돌보며, 욕심이나 어리석음에 흔들리거나 가리지 않을 지혜와 마음의 힘을 갖추면서 경제적으로도 자립할 힘을 길러야 하죠. 아무리 힘들거나 남에게 기대거나 덕 보고 싶은 유혹이 달콤하더라도 공부 삼아 내 힘을 길러 나가야 합니다. 그 길만이 우리에게 더욱 안정적인 자유와 영원한 행복을 가져다 줄 수 있기 때문입니다.

42

기회가 될 때마다 잘 배우고 잘 가르치자

　세상이 급변합니다. 알아야 할 것도 너무 많고, 새로운 정보도 매일 쏟아지죠. 한 사람이 모든 것을 알 수 없을뿐더러, 할 수도 없는 세상이 된 겁니다. 이럴 때일수록 한 번 알았던 것에 집착한다든지, 자기가 알고 있는 것만을 고집한다면 현명한 판단과 실천이 어려워지죠. 불필요한 고통이 가중된다는 말입니다. 그렇기에 지속적인 평생학습이 필요하죠.

　새로운 정보를 열린 마음으로 받아들이고, 자신이 알고 있는 것에 관해서도 다시 점검해 볼 수 있는 겸허한 마음으로 배워야 합니다. '폐기학습'이라고 하죠. 알고 있는 것을 바른 정보로 새롭게 인식하는 비움과 배움의 과정 말입니다. 앎을 더해가는 것도 중요하지만 그만큼 잊어버리고 내려놓는 과정 또한 중요한 거죠. 알던 것을 내려놓고 다양한 가능성과 더 넓은 국면을 보는 안목이 필요합니다. 그래야 좀더 있는 그대로의 세상에 가깝게 이해하고 판단하고 행동할 수 있기 때문이죠.

그러니 기회가 될 때마다 잘 배우는 일이 필요합니다. 나이나 지위의 고하를 떠나 '나보다 나은 점이 있는 사람'에게 배우는 거죠. 내가 이미 잘 알고 있고, 내 방식이 최선이라고 생각한다면 배우기가 어렵습니다. 내가 잘못 알 수도 있고, 더 나은 지혜가 있을 수 있다는 마음이라야 배울 수 있는 거죠. 지금 걸린 현안을 해결하고, 더욱 나은 삶을 위한 지혜는 아무리 배워도 끝이 없죠. 그러니 늘 겸허한 마음으로 묻고 배우고 실천하기를 주의해야 합니다. 어제보다 나은 삶을 위해서죠.

마찬가지로 잘 가르치는 일이 필요합니다. 사람들의 행동은 그 이해의 수준에 기인합니다. 잘 알지 못하면 제대로 실천하기가 어렵죠. 그렇기에 잘 가르치는 일 또한 필요합니다. 상대방의 잘못에 대해 불평하거나 비난하기는 쉬워도 잘 가르쳐서 깨우치고 이끌어주기가 쉽지 않기 때문이죠. 잘 가르쳐서 이해가 깊어지게 하면 어떤 문제든 쉽게 해결될 수가 있습니다. 업무상의 문제든, 인간 간의 관계든 이해를 동반한 지혜는 어떤 문제든 해결하고 더 나은 세상을 열어가는 동력이 되죠.

그러니 더욱 많은 사람들에게 교육의 기회를 제공하는 것 또한 중요합니다. 부모님들에게 자녀들을 위한 좋은 환경과 교육의 기회 제공은 존재 이유 중 하나가 됩니다. 잘 먹이는 것 못지않게 잘 가르치고 싶은 거죠. 세상 어느 부모라도 마찬가지입니다. 좋은 부모를 만나서 좋은 교육의 기회를 얻는 것은 정말 복된 일이죠. 하지만, 그렇지 못한 사람들도 많이 있습니다. 그러니 여력이 되는대로 내 자녀든 남의 자녀든 힘 미치는 대로 교육의 기회를 제공하는 노력이 필요합니다. 배우지 않고 잘 알기가 어렵기 때문이죠. 잘 배우고 잘 가르치는 일, 지식 평등을 이루는 지름길입니다.

그러니 시시로 때때로 다짐하며 노력을 합니다.

잘 배울 줄 모르는 사람을 잘 배우는 사람으로 돌리자.
잘 가르칠 줄 모르는 사람을 잘 가르치는 사람으로 돌리자.

43

넓리 대중에게 기쁨과 은혜를

   사람들은 계산을 잘합니다. 이해와 손익을 빠르게 계산해서 해롭거나 손해 보는 일은 하지 않으려 하죠. 당연한 일입니다. 하지만 선택의 결과가 늘 뜻과 같지는 않죠. 계산하는 방식에 문제가 있기 때문입니다.

   지혜로운 이들은 지금도 이롭고 나중에도 이롭고 나도 이롭고 상대방도 이로운 길을 찾습니다. 어리석을수록 지금 당장 나에게 이로운 것을 우선시하는 경향이 있죠. 그러다 보니, 지금 이로운 것 같으나 나중에는 해가 되고, 나에게는 이익이 되지만 상대방에게는 손해가 되는 일들이 허다합니다. 그러다 보니, 총량적으로는 이익이 되지도 않을뿐더러 상대방의 원망이나 공격을 받는 등 괴로운 결과를 초래하기도 하죠.

   손익에 상관없이 인연 닿는 대로 마음을 비우고 살지 못할 바에는 정말 총체적으로 계산을 잘할 필요가 있습니다. 지혜가 필요한 거죠. 그렇다면 과연 어떻게 하는 것이 진정으로 유익한 길이 될까요?

훈련된 원불교인은 어떤 상황을 분석하고 판단을 할 때 '대소유무와 시비이해'의 기준을 적용합니다. 전체적인 면과 부분적인 면, 변화될 상황 등을 함께 고려해서 옳고 이로운 것을 택하고 그르거나 해로운 것을 피하죠. 그런 측면에서 이로우면서도 옳고, 지금 이로우면서 나중에도 이로울 수 있는 것을 택하고 실천하는 것이 진정으로 계산을 잘하는 법이 됩니다.

하지만 손익을 계산하는 법이 그리 간단하지가 않죠. 그래서 우리는 깨달음과 지혜를 강조합니다. 뭘 제대로 알아야 손익을 정확히 계산해서 손해는 덜 보고 이로운 것을 선택하고 실행할 수 있기 때문이죠. 그러려면 세상이 돌아가는 이치에 대한 바른 이해가 있어야 합니다. 그 이치에 대한 깊은 이해를 깨달음 또는 지혜라고 하죠.

정말 세상의 모든 상황은 은생어해恩生於害 해생어은害生於恩으로 돌고 돕니다. 은혜에서 해가 생겨나기도 하고, 해에서 은혜가 나오기도 하죠. 위기가 기회가 되기도 하고, 행운이 오히려 해가 될 때도 있습니다. 게다가 소소영령한 인과의 이치가 있어 아무리 얻고자 하여도 심지 않은 것은 거둘 수가 없고, 아무리 피하려 해도 지은 것을 받지 않을 수가 없죠. 그러니 우리가 진정한 이로움을 구하고자 한다면 돌고 도는 인과의 이치에 따라 잘 심고 가꾸는 수밖에 없죠.

그래서 눈 밝은 성현들께서는 지금도 이롭고 나중에도 이롭고 나도 이롭고 다른 이들에게도 이로운 방법으로 공익실천을 말씀하셨습니다. 널리 대중에게 기쁨과 은혜를 실천하라는 것이죠. 대중에게 유익을 주고, 대중에게 유익을 주는 사람을 공경하고 그에 맞는 대우를 하자는 것입니다. 형편 되는 대로 널리 대중에게 정신 육신 물질로 기쁨을 나누고 은혜를 실천하는 거죠.

내 몸, 내 가정에 국한된 마음을 열어 만나는 인연마다, 동시대를 살아가는 수많은 인류와 생명을 품에 안고 널리 대중에게 기쁨과 은혜를 실천하는 그 일이 사실은 오래 이롭고 모두가 함께 행복할 수 있는 유일한 길이기 때문입니다. 그래서 일일시시로 대조하며 삶의 방식을 바꿔가도록 노력합니다.

공익심 없는 사람을 공익심 있는 사람으로 돌리자.

44

원불교 마음공부의 시스템, 훈련법

정말 살아갈수록 마음의 힘이 중요하고, 마음공부가 필요한 것 같습니다. 하지만 막상 시작을 하려고 하면 어디서부터 어떻게 할지 쉽지 않죠.

하지만, 조금만 관심을 가지고 보면 원불교의 마음공부는 상당히 체계적으로 제시되어 있습니다. 일원상의 진리를 신앙의 대상과 수행의 표본으로 하여 불생불멸과 인과보응의 이치와 나를 포함한 이 세상 모든 존재가 부처의 위력과 권능을 지닌 존재이며, 그 존재들의 실상은 서로 없어서는 살 수 없는 큰 은혜로 이어진 하나의 큰 생명이라는 것을 믿고 일원상과 같이 원만구족하고 지공무사한 우리의 마음을 알고 양성하고 사용하도록 합니다.

정신수양과 사리연구, 작업취사라는 세 가지 배움의 길을 통해

서죠. 그것도 훈련이라는, 배우고 익히는 반복의 과정을 통해 완전히 몸에 배도록 합니다. 단지 머리로 알고 마음으로 이해하는 데서 끝나지 않고 일상에서 빛나는 삶으로 실현되는 것을 목표하죠.

그러므로 원불교의 마음공부는 두 가지 형태, 즉 특별한 시간을 할애해서 일상을 떠나 모든 일을 내려놓고 공부에만 전념하는 형태와 일상에서 살아가는 전 과정을 챙기는 마음으로 공부해가는 형태로 이뤄집니다. 정기훈련과 상시훈련이라는 훈련법이죠.

정기훈련은 "공부인에게 정기로 법의 훈련을 받게 하기 위하여 염불·좌선·경전·강연·회화·의두·성리·정기일기·상시일기·주의·조행 등의 과목을 정하고" 집중적으로 삼학의 공부에만 전념하도록 합니다. 하던 일을 멈추고, 외부와의 접촉도 끊고, 정해진 공부 과목을 전문적으로 깊이 있게 공부하죠. 정해진 시간과 장소에서 집중해서 공부할 수 있으므로 수양의 힘과 지혜의 힘을 기르는 것이 중심이 됩니다.

상시훈련은 그야말로 평상시의 마음공부 훈련 방법입니다. 각자의 삶 속에서 그일 그 일을 온전한 생각으로 취사하고, 무슨 일을 하기 전에는 미리 연마하고, 노는 시간이 있으면 경전 법규를 연습하며, 경전 법규 연습을 대강 마친 사람은 의두를 연마하고, 저녁을 먹고 난 후에는 남은 일을 처결하고 잠자기 전 남은 시간이나 새벽에 염불과 좌선 등으로 정신을 수양하며, 모든 일을 처리한 후에는 그 처리한 것을 생각하여서 하기로 한 것과 하지 말자는 것에 어떠한 실행이 있었는지 대조하는 공부를 합니다. 주로 챙기는 마음, 즉 주의심으로 생활하며 때때로 수양과 연구 공부를 하죠.

때때로 교당에 와서, 그간에 공부했던 내용이나 특별히 느끼거나 깨달은 점, 의문이나 의심나는 사항들에 대해 교무님이나 지도인에게 묻고 답하는 공부를 통해 이해와 깨달음을 깊이 합니다. 또한, 일주일에 한 번은 법회에 참석하여 설교도 듣고, 단회도 하며 공부에 전념하며, 교당을 다녀갈 때는 그 얻은 바를 명심하여 실생활에 활용하도록 하죠.

어떤 공부도 가볍게 생각하거나 도외시할 수 없습니다. 삶이 공부의 소재이고, 공부를 통해 삶을 빛내고자 하기 때문이죠. 그래서 원불교는 이 두 훈련법을 통해 끊임없이 마음공부를 심화하고 마음의 힘을 키워가게 합니다. 제대로만 공부하면 마음에 힘이 쌓이지 않으려야 쌓이지 않을 수 없죠.

45

훈련법으로 기질변화 심성변화

멋진 사람이나 맛있는 음식, 아름다운 여행지가 드러나는 이유는 그들의 특별한 매력 때문입니다. 사람을 끄는 힘 말이죠. 마찬가지로 사람을 상대하는 각 종교의 전도나 포교, 교화도 그렇게 사람을 끌 수 있는 어떤 힘이 있어야 합니다. 과연 원불교가 이 세상 모든 생명과 인류를 제도하여 광대 무량한 낙원으로 인도해 가려면 어떠한 힘이 필요할까요?

대종사님은 대각을 이루신 후 시대 상황을 통찰하시고 정신개벽을 주창하십니다. 진리적 종교의 신앙과 사실적 도덕의 훈련으로 정신을 개벽하고 물질을 선용하여 올바른 가치가 실현되고 몸과 마음이 안락한 진정한 낙원을 꿈꾸셨죠.

그러므로 그 낙원을 위한 초석 역시 금주금연, 근검절약, 보은미 저축 등을 통한 저축조합의 설립과 언답을 막아 농토를 개간

하는 등 실질적인 생활개선과 설법과 기도 등을 통해 진리적 안목과 마음의 힘을 키워가는 정신개선의 작업을 병행하셨습니다.

그 후 변산으로 입산해서 1920년원기5에 원불교 교리체계를 세우시고 확정 발표하시니 인생의 요도 사은사요와 공부의 요도 삼학팔조였죠. 결국 원불교 정신개벽의 골자는 사은의 은혜를 알아 감사하고 보은하여 자력양성, 지자본위, 타자녀교육, 공도자숭배 등의 사요를 실천하는 것이며, 이를 위해 정신수양, 사리연구, 작업취사 등 삼학팔조의 공부로 마음의 힘을 키우는 것입니다.

여기서 끝나지 않죠. 대종사님께서는 스스로 구상하신 교법을 프로그램화하십니다. 이론적인 교리를 마음으로 익히고 몸으로 실천하는 과정으로 정비하시는 거죠. 1924년원기9 5월 만덕산에서 팔산 김광선 종사님의 주관으로 한 달 동안 선정기훈련을 나게 하신 것이 바로 그것입니다. 그리하여 그 이듬해인 1925년원기10에 훈련법을 제정 발표하시죠. 결국, 원불교 마음공부의 핵심이자 교화의 매력적인 방법은 훈련입니다. 정기훈련과 상시훈련으로 일이 있을 때나 없을 때를 막론하고 챙기는 마음으로 마음공부를 지속하는 거죠.

원불교 정신개벽은 말로 하는 것이 아닙니다. 마음만으로 하는 것도 아니죠. 그러니 하고 또 하는 훈련이 필요합니다. 몸과 입과 마음으로 익히고 실천하는 거죠. 일이 없을 때는 수양과 연구를 중심으로 염불·좌선·경전·강연·회화·의두·성리·정기일기 등의 공부를 주로 하고, 일이 있을 때에는 취사 공부를 주로 하여 그 일 그 일에서 일심과 알음알이를 얻어가며 불의를 제거하고 정의를 실천하는 공부를 하죠. 일상의 삶 전체가 훈련이며 정신개벽의 과정입니다.

그렇게 삶의 전 과정을 통해 마음이 변하고 삶의 방식이 변해야 우리의 인생이 개선되고 성장할 수 있습니다. 더욱 지혜롭고 보다 안정되고 보다 실천적이 되어야만 우리 삶이 변하고 세상이 변화될 수 있기 때문이죠. 실제적인 낙원은 거기서부터 비롯되는 겁니다.

원불교를 오래 믿고 다녔는데 달라지는 게 없거나 좋아지는 게 없다고요? 훈련 부족입니다. 마음이 변하고 기질이 변화될 만큼 마음공부 훈련이 없었던 거죠. 훈련하고 단련해야 합니다. 하고 또 하고 챙기고 또 챙기는 훈련으로 우리가 실질적으로 변해야 삶이 변하고 낙원이 열리는 거죠. 노력 없이 되는 일은 하나도 없습니다.

46

상시훈련, 일상생활 속에서의 마음공부

사람들은 말합니다. 교무님들처럼 모든 것을 훌훌 털어버리고 힘겨운 일상을 벗어나 어디론가 떠나고 싶다고, 생업을 놓고 푹 쉬면서 집중적으로 명상이나 마음공부를 하면 삶의 문제들이 풀리고 새로운 인생이 열릴 것 같다면서 말이죠.

모든 생명에게 주어진 삶의 무게는 같습니다. 산속이든 도심에서든 똑같죠. 색깔이 다를 뿐, 해결되지 않는 삶의 문제로 시름하기는 마찬가지입니다. 사실 매일 지지고 볶는 우리의 일상만큼 공부하기 좋은 곳은 없죠. 정신만 차리고 있으면 다채로운 경계들이 우리 마음의 움직임을 적나라하게 비춰주기 때문입니다.

그래도 떠나고 싶다고요? 정말 떠나야 할 것은 우리의 몸이 아니라, '여기서는 안 되겠다'는 바로 그 '한 생각'입니다. '여기서 지금 하는 일'을 '하찮은 일'로 생각하고 뭔가 고준한 마음공부를 꿈꾼다면 시작부터 잘못된 출발이죠. 마음공부의 목적을 생각하면 답은 분명해집니다. 나를 포함한 더 많은 생명의 삶이 빛나고 더 행복해지기 위해서라면 이 삶을 떠나 공부의 터전을 따로 설정할 수는 없기 때문이죠.

원불교에서는 이 삶을 떠나지 않는, 삶 속에서의 마음공부를 상시훈련이라고 합니다. 특별한 과목을 정하지 않고, 삶의 다양한 경계 자체를 공부거리 삼아 일심과 알음알이와 실행의 힘을 기르며 감사와 보은을 실행해 가는 거죠. 아이를 둔 이들에게는 가사와 육아, 직장을 가진 이들에게는 직장에서의 업무와 인간관계, 학교에 다니는 학생들에게는 학업과 교우관계, 결혼을 한 부부에게는 부부나 고부, 자녀와의 관계 등이 주된 공부거리가 되고, 마음공부가 이뤄지는 가정과 직장, 학교와 사회 자체가 마음공부의 장이 됩니다. 청소하고, 빨래하고, 운전하고, 요리하는 일도 예외는 아니죠. 삶 속에서 이루어지는 상시훈련이기 때문에, 언제든지 훈련 삼아 우리 앞에 다가오는 모든 상황과 인연과 사건들을 대상으로 마음공부를 훈련합니다.

첫째, 핵심은 일을 당해서는 '온전한 생각으로 할 일을 하고, 하지 말아야 할 일은 하지 않는다응용하는데 온전한 생각으로 취사하기를 주의할 것이요'는 거죠. 여기서 '온전한 생각'은 중요한 개념입니다. 어떤 생각이냐 하는 표준도 있어야 하고, 수양 연구 취사를 통한 실제적인 마음의 힘이 있어야 구현할 수 있기 때문이죠. 사람마다 노력은 할 수 있지만, 그 온전함의 정도에는 차이가 있으므로 겸허한 마음으로 부단한 노력을 할 필요가 있는 개념이죠. '온전한 생각'은 일원상과 같은 마음입니다. '원만구족하고 지공무사한 마음' '욕심이나 집착에 끌리거나 고정관념, 선입견, 편견 등의 어리석음에 가리지 않고, 옳고 바른 마음'입니다. 그 마음으로 매사에 임하고 실행하는 거죠.

둘째, 일이 없을 때는, 예를 들어 일을 당하기 전에는 미리 연마하고, 노는 시간이 있을 때는 경전이나 법규 연습을 하고, 경전이나 법규에 대한 어느 정도 이해가 생기면 의두를 연마하며, 잠자기 전 남은 시간이나 새벽에는 수양을 위해 염불과 좌선을 합니다.

셋째, 모든 일을 처리한 뒤에는, 그 처리 상황과 결과를 반조하여 해야 할 일과 하지 말아야 할 조목에 실행 여부를 점검합니다. 되풀이되는 실수나 잘못을 범하지 않기 위함이죠. 이러한 전 과정이 상시훈련이고, 일상생활 속에서의 마음공부입니다.

47

마음공부 상시훈련으로서의 교당생활

　주말이면 많은 사람이 종교를 찾습니다. 절, 교회, 성당, 모스크, 교당을 찾죠. 마음의 평안을 위해, 위로받기 위해, 반성하기 위해, 외로움을 달래기 위해, 깨달음을 얻기 위해, 편안한 휴식을 위해, 더욱 나은 사람이 되기 위해 등등 저마다의 이유를 가지고 말입니다.

　원불교 교도님들도 교당을 갑니다. 가서 법회도 보고, 점심도 먹고, 도반들과 정담을 나누기도 하고, 때로는 개인적으로 교당을 찾죠. 부담 없이 좋은 일입니다. 너무 편하다 보니, 변화가 더딥니다. 자신의 기질변화, 심성변화가 쉽지 않고, 교당 안에서도 불필요한 시비가 발생하며, 심지어 '교당을 뭐하자고 다니는 것인가?'하는 의문이 일어날 때도 있죠. 정말 교당은 무엇을 하는 곳이며, 교당을 내왕할 때에는 어떤 심경이면 좋을까요?

교조이신 대종사께서는 '교당 내왕 시 주의사항'을 통해 그 분명한 지침을 제공합니다. 대종사에 의하면, 교당을 내왕하는 일은 상시로 수행을 훈련하는 자기훈련과정의 연속입니다. 말하자면, 평소에 '상시응용주의사항'으로 일상의 모든 일을 훈련 삼아 챙기는 마음으로 정진하다가 교당에 가서 그간의 어떤 깨달음이나 의문, 자신의 취사 등에 대해서 감정을 받고, 새로운 공부거리를 장만해서 실생활에 활용함으로써 끊임없이 마음공부를 이어가고 깊이를 더해가도록 하는 훈련의 연속과정인 거죠.

　그러니까 평소 생활할 때에는 '온전한 생각으로 취사'하기를 주의하고, '일을 당하기 전에는 미리 연마'하고, '일을 처리한 후에는 그 처리 건을 대조하여서 하기로 하자는 일과 말자는 일에 그 실행 여부를 대조'하며, '여유가 있을 때는 경전 법규를 연습'하고, 경전 법규에 대한 이해가 어느 정도 생기면 '의두 성리를 연마'하며, 아침저녁으로는 염불과 좌선을 통해 정신을 수양합니다.

　그러다가 때때로 교당에 와서 평소 '지낸 일을 문답'하고, '감각된 바를 감정'받으며, '의심나는 사항에 대해서는 지도인에게 물어서 이해와 깨달음'을 얻고, 법회가 있는 날은 '교당에 와서 공부에만 전념'을 하며, '교당을 다녀갈 때'는 '어떠한 사항에 감각이 되었는지, 어떠한 의심이 밝아졌는지 그 얻은 바를 점검하여 반드시 실생활에 활용'하도록 하고, '정기훈련이 있을 때'는

'훈련비를 미리 준비하여 전문적으로 공부'를 하는 거죠. 그렇게 매일 매일의 일상을 통해, 교당 내왕을 통해, 법회를 통해, 정기 훈련을 통해 일이 있을 때나 일이 없을 때를 막론하고 때와 장소를 가리지 않고 마음공부를 심화시켜 나가는 겁니다.

그러니, 교당이란 묻고 배우고 가르치는 집이죠. 우리의 신앙과 수행, 마음공부의 실행에 관해 물어서 감정을 받고, 의문과 삶의 문제를 해결하며, 참된 이치와 바른 도덕을 배우고 실생활에 활용할 공부거리를 제공받아 보다 나은 삶을 살아가기 위해 도움을 받는 학교이자 공익실천을 위한 복의 터전입니다. 교무님이나 다른 교도님들의 행위를 지적하고 시비로 삼는 곳이 아니죠. 관심과 시선의 방향이 우리의 마음을 맑히고 밝히고 실행을 대조하는 곳이어야 한다는 겁니다. 그래야 교당과 교화의 의미가 있고, 원불교의 존재 의미가 살아나죠.

교당, 어떤 마음으로 다니고 있나요? 교당생활을 통해 얻은 것은 무엇이고 잃은 것은 무엇인가요? 혜와 복이 자라나고, 나와 내 주위 인연들이 행복해지고 있나요? 아니면 그 반대인가요? 영생의 행불행이 우리에게 달렸습니다. 정말 정신 차리고 교당을 다닐 일이죠.

48

염불, 그 의미와 방법

 살다 보면 두렵거나 외롭거나 화가 날 때가 있습니다. 뭔가 마음이 복잡한데, 해결할 길은 모호할 때가 있죠. 때로는 이유를 알 수 없이 혼란스럽거나 정신 집중이 안 될 때도 있습니다. 때로는 한가하고 고요한 심경에 머무르고 싶을 때도 있죠.

 이 모든 상황에서 내 마음을 알아주고, 꽉 붙잡아서 더는 흔들리지도, 요란하지도 않게 평온으로 인도할 부처님이 한 분 계십니다. 절대 먼저 알아서 오는 법은 없고, 불러야 오시죠. 어떤 중생이라도 단 한 번만 그 이름을 부르면 죽어서 서방정토 극락에 태어나게 해주리라는 원을 세우신 분입니다.

 '무량광불', '무량수불'이라고도 하며 모든 고통이 끊어진, 오직 즐거움만 있는 '서방정토 극락'에 계시죠. 바로 '아미타 부처님'입니다. 그래서 '나무아미타불' 즉, '아미타 부처님께 귀의한다'는 염불 문구를 외우면 아미타 부처님의 신력에 의지해서 서방정토 극락에 날 수 있다고 합니다. 흔히, TV 드라마에서 할머니들이 마음이 요란할 때 '나무아미타불 나무아미타불'을 염송하는 장면이 이러한 수행을 반영한 것입니다. 일반적인 염불의 의미죠.

원불교에서도 수행의 한 방법으로 염불합니다. '천만 가지로 흐트러진 정신을 일념으로 만들고, 순역의 경계에 흔들리는 마음을 안정시키는' 정신수양의 한 방법이죠. 아미타불을 부르는 것도 한 방법이지만, '자심미타' 그러니까 우리 마음의 본래 부처님을 발견하여 '자성 극락'으로 돌아가기를 목적합니다.

우리의 마음이 원래 생멸이 없으므로, 무량수無量壽라 할 수 있고, 그 가운데 소소영령하여 어둡지 아니한 지혜로움覺이 있으니 이를 일러 '자심미타'라 하고, 우리의 자성이 원래 청정하여 죄복이 돈공하고 고뇌가 영멸하여 변함이 없는 '자성 극락'이므로, 염불하는 사람이 이 이치를 알아서 생멸이 없는 각자의 마음에 근본하고 거래가 없는 한 생각을 대중하여, 천만 가지로 흩어지는 정신을 오직 미타 일념에 그치며, 순역경계에 흔들리는 마음을 무위 안락한 지경에 돌아오게 하는 공부니라.

염불할 때는 1. 항상 자세를 바르게 하고, 기운을 안정하며, 몸을 흔들거나 경동하지 않습니다. 다리가 아플 때는 조용히 자세를 바꾸어도 됩니다. 2. 음성은 너무 크게도 작게도 말고 오직 기운에 적당하게 합니다. 3. 정신을 오로지 염불 문구에 집중하여 염불 구절을 따라 일념을 챙겨서 일념과 음성이 같이 연속되게 합니다. 4. 천만 생각을 다 놓아버리고, 오직 한가한 마음과 무위의 심경에 머뭅니다. 불필요한 상상이나 억지로 무슨 형상을 그려내지 않습니다. 5. 마음을 붙잡기 위하여 염불을 세는 것도 좋고 목탁이나 북으로 운곡을 맞추는 것도 필요합니다. 6. 무슨 일을 할 때나 기타 행주좌와 간에 다른 잡념이 마음을 괴롭힐 때는 염불로서 잡념을 대치함이 좋지만, 만일 염불이 도리어 일하는 정신에 통일이 되지 못할 때는 하지 않는 것이 좋습니다. 7. 각자의 심성 원래를 반조하여 분한 일을 당하거나, 탐심이 일어날 때, 순경에 끌릴 때, 역경에 끌릴 때 염불로서 안정시키는 것이 많은 도움이 됩니다. 염불의 진리를 아는 사람은 염불이 백천 마구니를 항복 받을 수 있으며, 일념의 대중이 없이 입으로만 하면 별효과가 없으나 소리를 내지 않더라도 일념의 대중이 있고 보면 삼매三昧를 얻게 됩니다.

염불, 정말 효과적이죠? 때때로 삶이 우리를 흔들 때, 고요와 평안 속에 머물고 싶을 때, 일심으로 '나무아미타불'을 외며 우리의 자심미타를 발견하여 극락에 머물러 보면 어떨까요?

49

원불교 좌선과 단전주의 필요성

명상을 원하는 사람들이 늘어나고 있습니다. 소모 많은 이 시대에 충전이 필요한 거죠. 원불교에도 명상법이 있습니다. 엄밀하게는 선법이죠. '좌선'과 '무시선'입니다. 좌선은 활동을 멈추고 자리에 앉아서 하는 선법이고, 무시선은 시간과 장소, 일의 유무에 상관없이 우리의 본성을 깨달아 마음의 자유를 얻게 하는 선법입니다. 크게 보면 좌선은 무시선의 한 방법이기도 하죠.

하지만, 좌선은 무시선의 기초가 되고, 무시선을 잘할 수 있게 하는 수양력의 원천이기 때문에 그 중요성을 간과할 수 없습니다. 그래서 원불교 교도들에게는 매일 하루에 한번, 아침이나 저녁 적당한 시간을 택해서 모든 마음공부의 기초가 되는 좌선을 권하죠.

원불교의 좌선은 '마음에 있어 망념을 쉬고 진성을 나타내는 공부이며, 몸에 있어 불기운火氣을 내리게 하고 물기운水氣을 오르게 하는 방법'이며, '기운을 바르게 하고 마음을 지키기 위하여 마음과 기운을 단전丹田, 배꼽 아래 세 치 정도 인체의 중심에 머무르게 하면서 오직 한 생각이라는 그 생각마저도 없이 오직 밝고 고요하고 분별이 끊어진 참 성품 자리에 그쳐서 사람의 순수하고 자연스러운 근본정신을 양성하는 방법'입니다.

망념과 수화의 기운은 서로 망념이 쉬면 수기가 오르고, 수기가 오르면 망념이 쉬는 관계이기 때문에 마음에 있어 망념을 쉬고, 몸에 있어 수승화강, 즉 화기를 내리고 수기를 오르게 함으로써 몸과 마음이 한결같고 정신과 기운을 상쾌하게 하는 방법인 거죠.

우리가 눈으로 보고, 귀로 듣고, 입으로 말하고, 머리로 생각을 많이 하면, 마치 등불을 켜면 기름이 닳는 것과 같이, 몸의 화기가 머리로 집중되어 온 몸의 수기를 졸이고 태워 정신의 광명을 덮게 됩니다. 지혜가 어두워지고 사리에 분별력이 떨어지죠. 곧 욕심과 분별 등에 끌려 바른 판단을 못하게 됩니다. 그리고 그 잘못된 판단은 잘못된 행동이라는 악순환으로 이어지죠. 고통과 불행이 비롯되는 지점입니다.

그러므로 '부득이 당연한 일에 육근 기관을 쓰는 것도 알맞게 절제하는 바가 있어야 하는데, 하물며 쓸데없는 망념을 끄려 두뇌의 등불을 주야로 계속 켜놓을 수는 없는 노릇입니다. 그러므로 좌선은 이 모든 망념을 제거하고 진여의 본성을 나타내며, 일체의 화기를 내리게 하고 청정한 수기를 불어내기 위한 공부법'인 것이죠.

실제 수행을 하면서 원불교 좌선의 핵심은 '단전주'입니다. 예로부터 좌선 시 모든 생각을 제거하기 위하여 마음을 하나의 경계에 두는 방법을 택해 왔죠. 예를 들면, 태양을 떠올리는 일상관, 달을 생각하는 월상관, 호흡의 숫자를 세는 수식법, 호흡을 따르는 수식법, 화두에 마음을 붙잡아 두는 화두 참구 등입니다.

원불교 좌선은 '마음과 기운을 단전에 주합니다. 전신의 힘을 단전에 툭 부려서 일념의 주착도 없이 다만 단전에 기운 주해 있는 것만 대중 잡고, 망념이 일어나거나 졸음이 오더라도 마음을 다시 챙겨 단전에 기운 주해 있는 것을 챙기는 거죠. 왜냐하면 단전주는 생각이 잘 동하지 않고 기운도 잘 내리게 되며, 좌선에도 긴요하지만 위생상으로도 건강에 도움이 되어 몸에 병고를 감소시키기 때문입니다. 단전주를 통한 원불교의 좌선, 매력적인데요. 그 구체적 방법은 무엇일까요?

구원이 밖에 있지 않습니다. 지금 여기 참회하는 마음, 참회

하는 삶 속에서 이미 구원은 시작되죠.

50

원불교 좌선의 방법

실제 명상이나 좌선을 시작하려면 생각보다 방법이 다양합니다. 겉보기엔 똑같이 앉아 있는 것 같지만, 그 앉아 있는 방법엔 차이가 크죠. 원불교 좌선의 핵심은 '단전주'입니다. 자세를 바르게 하고 앉되, 마음과 기운을 단전에 주하는 거죠. 그 구체적인 방법은 아래와 같습니다.

1. 방석을 깔고 양쪽 무릎이 바닥에 닿도록 편안하게 앉은 후에 머리와 허리를 곧게 하여 자세를 바르게 합니다.

2. 온몸의 힘을 단전에 툭 부려서 한 생각이라도 어디에 머물거나 집착하는 바가 없이 오직 단전에 기운 주해 있는 것만 대중을 잡습니다. 몸과 마음의 긴장을 풀고, 자연스럽고 편안하게 마음과 기운을 단전에 머물게 하는 거죠. 만일 방심이 되면 그 기운이 풀어지므로

다시 마음을 챙겨 기운 주하기를 잊지 않도록 합니다.

3. 호흡을 고르게 하되, 들이쉬는 숨은 조금 길고 강하게 하고, 내쉬는 숨은 조금 짧고 약하게 합니다.

4. 눈은 항상 뜨는 것이 졸음이라는 마군을 제거하는 데 필요하지만, 정신 기운이 상쾌하여 눈을 감아도 잠에 빠져들 염려가 없을 때는 감아도 됩니다.

5. 입은 항상 다물고 공부를 오래 하여 수승화강[水昇火降, 신체 내에 물 기운이 오르고 불기운이 내리는 현상]이 잘 되면 맑고 윤활한 침이 혓줄기와 이 사이로부터 계속하여 나오게 되는데, 그 침을 입에 가득히 모아서 가끔 삼켜 내립니다.

6. 정신은 항상 적적[寂寂, 아주 고요함]한 가운데 성성[惺惺, 아주 초롱초롱하게 분명함]함을 가지고 성성한 가운데 적적함을 유지하며, 만일 잠에 빠져들면 새로운 정신을 차리고 번뇌나 망상에 흐르면 다시 바른 마음 상태, 그러니까 단전에 마음과 기운 주해있는 그 상태로 돌이켜서 무위자연[無爲自然]의 본래 면목 자리에 머무릅니다.

7. 처음으로 좌선하는 사람은 흔히 다리가 아프고 망상이 일어나는 것을 괴롭게 여길 수 있는데, 망념이 일어날 때는 다만 망념인 줄만 알아두면 망념이 스스로 없어지므로 절대로 그것을 성가시게 여기거나 낙망하지 않도록 합니다.

8. 처음으로 좌선하면 얼굴과 몸이 개미 기어 다니는 것과 같이 가려워지는 수가 혹 생길 수도 있는데, 이것은 혈맥이 관통되는 증거라

함부로 긁거나 만지지 않도록 합니다.

9. 좌선하는 가운데 절대로 이상한 기틀과 신기한 자취를 구하지 말
   며, 혹 그러한 경계가 나타난다 할지라도 그것을 다 요망한 일로
   생각하여 조금도 마음에 걸지 말고 대수롭지 않게 그냥 간과하도
   록 합니다.

'이렇게 좌선을 오래오래 계속하면 마침내 물아物我, 외물과 자아,
객관과 주관, 너와 나의 구분을 잊고 시간과 처소를 잊고 오직 원적무
별圓寂無別, 두렷하고 고요하여 일체의 분별이 끊어진 상태한 진경에 그쳐서
다시없는 심락을 누리게' 됩니다.

좌선과 같은 수행은 시간이 걸리는 일입니다. 하루아침에 기적
같은 일이 일어나는 것이 아니라는 거죠. 표준을 잘 잡고, 하고
또 하는 노력이 필요합니다. 일단 관심을 두고, 실제로 실행을 해
보면서 잘 모르는 사항이나 의문점이 발견되면 지도인의 지도를
받으면서 수행을 해나가는 것이 좋습니다. 원불교의 좌선법, 방
법이 어려운 건 아니죠.

51

원불교 염불과 좌선의 효과와 공덕

　대종사께서는 왜 우리에게 염불과 좌선을 하라 하셨을까요? 그것은 그만한 공덕이 있기 때문입니다. 염불이나 좌선을 잘하면 수양의 힘, 정력定力이 생기죠. 『수양연구요론修養研究要論』에서 "인생의 요도要道는 수양에 있고 수양의 목적은 연구에 있으며 연구의 목적은 혜복慧福을 구하는 데 있다"고 하신 바와 같이, 수양은 삶의 다사다난한 경계를 극복하고 행복을 유지할 수 있게 하는 중요한 길입니다.

　정말 수양의 힘이 필요합니다. 지내놓고 후회스러운 일, 민망한 일, 실수한 일 등을 돌아보면 너무 쉽게 마음이 움직이고 말하고 행동했기 때문이죠. 이러한 실수와 후회를 줄이고 신중하고 지혜롭게 살아가기 위해서는 수양의 힘이 절대적으로 필요합니다. 염불과 좌선을 오래오래 계속하면 이 수양의 힘이 생기죠.

원불교 『정전』에는 염불과 좌선의 공덕을 10가지로 제시합니다.

1. 경거망동하는 일이 차차 없어집니다.

2. 육근 동작, 즉 우리의 몸과 마음을 사용할 때 순서를 얻게 됩니다.

3. 병으로 인한 괴로움이 줄어들고 얼굴이 촉촉하고 매끈해집니다.

4. 기억력이 좋아집니다.

5. 인내력이 생겨납니다.

6. 착심이 없어집니다.

7. 사심이 정심으로 변하게 됩니다.

8. 자성의 혜광이 나타납니다.

9. 극락을 수용하게 됩니다.

10. 생사에 자유를 얻게 됩니다.

가볍게 말하고 행동함으로써 빚어지는 후회와 상처가 얼마나 많습니까? '그렇게 하지 말았어야 했는데…, 그때 내가 왜 그랬을까? 조금만 더 깊이 생각할 걸, 조금만 참을 걸, 조금만 더 기다려볼 걸' 등등. 우리는 순간적으로 일어나는 감정과 급한 마음으로 인해 수많은 후환을 남기며 살아가죠. 그런 실수와 실패가 점점 줄어들고 마음이 홀가분해집니다.

마음이 안정되고 고요해짐에 따라 심신을 사용하는 순서를 얻게 됩니다. 먼저 할 일과 나중에 할 일을 알게 된다는 거죠. 욕심이 많고, 수양력이 없을수록 일의 순서를 모르니, 일도 잘 안 되고 마음만 바쁠 수밖에 없습니다. 염불과 좌선은 바쁘고 허덕이는 마음을 안정시켜 순서에 맞게 일도 잘하고 마음도 한가로운 삶으로 이끌어줍니다.

그뿐만 아니라 몸에 병이 줄어들고 얼굴이 좋아지며, 기억력, 인내력이 생기고 집착하는 마음이 줄어들며, 사사로운 마음이 바르게 돌아옵니다. 끌리고 흔들리는 마음이 잦아들고, 고요하고 흔들림 없는 본성을 회복함에 따라 이러한 마음의 힘이 생기는 거죠.

또한, 자성의 지혜 광명이 나타나게 됩니다. 흔들리지 않는 촛불이 주위를 밝힘과 같이, 세상사 모든 존재와 현상을 있는 그대로 봄으로써 시비이해와 대소유무의 이치, 인과의 이치를 보게 되는 거죠. 그렇게 되면 고와 낙을 초월한 극락을 맛보고, 오고 가는 이치를 깨달아 생사에 자유할 수 있게 됩니다. 결국, 염불과 좌선은 깨달음과 자유와 해탈의 관문입니다. 오래오래 계속 하면 누구나 그렇게 살 수 있죠. 결국, 하느냐 마느냐 그것이 문제네요.

52

좌선을 할 때의 유의점

좌선을 할 때는 올바른 방법과 지도인의 지도가 필요합니다. 좌선하는 것도 중요하지만, 잘하는 것은 더 중요하기 때문이죠. 우선 좌선을 할 때는, 절대 신기한 경험이나 지난날의 특별한 경험에 집착하지 않아야 합니다. 혹 어떠한 경험을 하게 되더라도 마음에 두지 말고 대수롭지 않게 여겨야 하죠.

실제 좌선을 하다 보면 여러 가지 체험을 하게 됩니다. 몸이 커지다가 없어지는 기분이 들기도 하고, 작아져서 없어지기도 하죠. 단전에 온열감이 느껴지기도 하고 전신의 피부로 숨을 쉬는 것처럼 시원하게 느껴질 때도 있습니다. 맑은 침이 끊임없이 나오기도 하고, 백회에서 단전까지 하나의 기둥처럼 뻥 뚫린 느낌이 들면서 편안하고 고요하여 시간 가는 줄을 모를 때가 있죠. 이런 경험을 하게 되면 그 느낌에 집착하여 신기함이나 특별한 경험을 위해 애를 쓰는 경우가 생깁니다. 좌선은 그런 신체적, 심정적 경험이 궁극적 목적이 아니죠. 망념을 잊고 일원상과 같은 우리의 본래 마음을 회복하는 것이 중요합니다.

또한, 좌선 중의 경험을 다른 사람들에게 자꾸 이야기하는 것은 좋지 않죠. 말을 하다 보면, 특별하고 신기한 경험을 부각하려 하는 경향이 생기기 때문입니다. 수행은 혼자 하는 것이고 오래 공을 들여야 합니다. 지도인의 감정을 위해서라면 몰라도, 자신의 수행 경험을 다른 사람들과 공유하려 하거나 비교하는 등 수행과정 중에 타인을 의식하는 태도는 바람직하지 않죠.

단전주는 단전호흡이 아닙니다. 처음에 단전주를 시작할 때에는 단전을 의식하느라 단전에 힘을 주기도 하고, 숨을 들이쉬고 내쉴 때마다 아랫배 단전 부위를 들쑥날쑥하기도 합니다. "들이쉬는 숨은 조금 길고 강하게 하고, 내쉬는 숨은 조금 짧고 약하게" 하면서 배의 들고 남을 의식하죠. 하지만, 아랫배에 억지로 힘을 주어 배를 내밀거나 당기지는 않습니다. 마음과 기운을 주하다 보면 자연스럽게 느껴지는 배의 들고 남 정도면 충분하죠. 호흡이 미세해지고 마음이 고요해지면 아랫배의 들고 남 또한 미세해집니다.

호흡 또한 들이쉬는 숨을 '조금 길고 강하게' 들이쉰다 생각하고 들이쉬는 호흡만 주의하면 내쉬는 숨은 자연스럽게 '조금 짧고 약하게' 조절이 됩니다. 중요한 것은 밖으로 달아나려는 마음을 호흡과 단전을 집중에서 온전한 정신을 양성하고 회복하는 것이지 호흡 자체의 길이나 배가 들어오고 나가는 것이 아니죠. '자연스러운 호흡'에 집중하면서 '마음과 기운을 단전에 주하고', '방심이 되면' 정신을 차리고 마음을 챙겨 다시 '단전에 마음과 기운 주하기'를 지속하는 것이 중요하죠. 그러는 가운데 몸은 자연스럽게 수기가 오르고 화기가 가라앉으며 마음에는 망념이 줄어들고 진성이 드러나게 됩니다.

또한, 전신과 마음을 편안하게 이완하되 자세를 바르게 유지하고, 졸음에 떨어지지 않으며, '마음과 기운을 단전에 주할' 정도의 주의력과 긴장감은 필요하죠.

적적寂寂한 가운데 성성惺惺함은 옳고 적적한 가운데 무기無記는 그르며, 또는 성성한 가운데 적적함은 옳고 성성한 가운데 망상은 그르다.

이처럼 무기와 망상에 떨어지지 않으면서 적적성성을 견지하는 것이 필요하죠. 어떻게 그런 마음을 유지할 수 있을까요? 방법은 직접 해보며 터득하는 수밖에 없죠.

53

경전, 우리 인생의 나침반

사람마다 인생을 살아가는 삶의 방식이 있습니다. 잘 살고 싶은 마음은 서로 같지만 중요하게 생각하는 가치는 천차만별이죠. 과연, 무엇이 우리로 하여금 그런 차이를 만드는 걸까요? 신념이라고 하죠. 스스로 옳다고 믿는 그 한 생각에 따라 세상을 보고, 판단하고 해석하며, 자기 삶의 방식을 선택하는 겁니다.

그런데 그 신념이라는 것이 형성되는 과정을 보면 검증되지 않은 어떤 정보에 기반을 둔 경우가 많습니다. 아무도 묻지 않았고 검증해보지도 않은 어떤 관습이나 선입견, 편견 등에 근거하는 경우도 많고, 욕심이나 집착에 가린 채 어떤 가치를 정하는 경우가 많죠. 그러다 보니 오류가 많습니다. 보고 듣고 배우는 데 한계도 있을뿐더러, 자신의 이해관계에 가려 세상을 보기 때문에 '있는 그대로의 세상'을 볼 수 없기 때문이죠.

그래서 공부하는 사람들은 경전을 봅니다. 흔들리고 출렁이는 바다를 항해할 때에 필요한 나침반과 같이 다사다난한 인생을 살아가면서 그 방향을 잡아주는 인생의 나침반이라 할 수 있는 경전을 보는 것이죠. 경전이란 진리를 깨치시거나 눈 밝은 성현들께서 밝혀주신 세상 살아가는 이치 모음집입니다.

경전이란 '우리의 지정교서와 참고 경전 등을 이르는 것으로, 경전을 읽고 연마하는 것은 공부인으로 하여금 그 공부하는 방향로를 알게 하기 위함'입니다. 원불교에는 『정전』, 『대종경』, 『불조요경』, 『정산종사법어』, 『예전』, 『성가』, 『교사』의 7대 교서가 있죠. 이러한 경전은 진리에 대한 이해를 돕고, 지혜와 복의 근원을 알려서 우리로 하여금 진정한 행복의 길로 나아갈 수 있도록 인도합니다.

사실, 우리들은 세상을 우리 본위로 보는 경향이 있죠. 그래서 진리가 잘 보이지 않습니다. 그러니 인과를 알지 못하고, 욕심을 부리고 억지를 쓰며, 고통받고 불행해 하죠. 무엇이 잘못된 줄도 모르고 상황과 다른 사람을 탓하며 끝나지 않는 고통을 초래하며 살아가기 쉽습니다.

그러니 경전을 보며 성현께서 밝혀주신 실제 세상과 내 마음의 이치에 대한 이해가 선행되어야 합니다. 세상은 어떻게 돌아가며, 우리 마음은 어떻게 움직이는지, 지금 우리 앞에 펼쳐지는 현상들이 왜 이렇게 될 수밖에 없는지, 어떻게 하면 욕심이나 집착에 가리고 벌을 받는지, 어떻게 하면 지혜가 쌓이고 복이 오는지를 정확하게 알아야 한다는 거죠.

경전은 이 모든 내용을 밝혀서 진리를 이해하고, 우리 마음을 밝히며, 세상과 조화로운 삶을 살아가는 길을 밝혀줍니다. 그러니, '노는 시간이 있으면 경전, 법규 연습하기를 주의'하여 우리의 선입견이나 편견, 욕심이나 집착이 아니라 진리적인 안목을 갖추고, 우리의 한계를 극복하여 더 나은 삶으로 나아가는 노력이 필요합니다.

그렇게 책으로 된 경전에 대한 이해가 어느 정도 깊어지면, 세상의 모든 현상으로부터 진리를 발견하고 삶의 지혜를 얻어나갈수가 있죠. 종이에 글로 써진 경전뿐 아니라 '삼라만상으로 나열된 현실의 경전, 우리 자성의 본래 구족한 무형의 경전'을 읽을수 있게 되는 거죠. 부처님께서도 '자등명법등명自燈明 法燈明'이라하여 '자기 마음을 등불 삼고 진리를 등불 삼으라'고 하는 법문을 마지막 열반 길에 남겨주셨듯이 내 마음을 밝히면 진리 아님이 없기 때문입니다.

욕심이나 억지, 습관이나 관습, 고집이나 편견이 아닌 경전 연마를 통한 진리가 이끄는 삶, 행복으로 가는 지름길이죠.

54

의두요목,
의문 있는 곳에 깨달음 있고 행복 있다

사람마다 관심사가 있습니다. 어떤 관심사는 심신이 소진되는가 하면, 어떤 관심사는 마음이 열리고 진리에 대한 이해를 높여 줍니다. 우리는 승진, 안정된 직장생활, 마음에 맞는 인간관계, 효율적인 가사나 현명한 육아, 재테크, 운동, 건강, 아름다운 외모, 자기 계발, 신형 자동차 등등 사소한 물건에서부터 더 나은 관계와 행복에 관심이 많습니다. 그런데 이들 중 많은 것들이 산 넘어 산과 같아서 한 가지가 해결되면 또 다른 관심사가 등장하며 끊임이 없죠. 그야말로 '끝나지 않는 길'입니다.

그런데 세월이 지나고 보니, '모두 스쳐 가는 바람'이었습니다. 그동안 우리는 있어도 되고 없어도 되는 것들에 너무 많은 에너지를 써가며 애타게 구해왔고, 얻지 못하면 고통을 받아왔죠. 하지만 세상사 모든 것들이 올 것은 오고, 갈 것은 갔으며, 구해서 얻어질 것이 있고, 구해도 얻어지지 않는 것들이 있었습니다. 세상의 모든 존재와 현상은 어떤 이치를 따르며, 그 이치를 깨닫게 되면 무엇을 구하든지 순리적이고 합리적으로 구하게 되며, 어떤 변화가 오더라도 두려워하지 않고 직면하며, 시시각각 일어나는 일들을 보다 적극적으로 수용할 수 있게 되죠.

그래서 불교와 원불교에서는 깨달음을 매우 중요하게 생각합니다. 왜냐하면, 우리는 대부분 깨닫지 못한 상태로 살고 있기 때문이죠. 지금 알고 있는 것이 실상이 아님을 자각하여, 존재와 현상의 실상을 제대로 깨달아 사실적이고 진리적인 삶을 살아가자는 것입니다.

깨달음을 얻지 못한 우리는 과연 어떤 상태로 세상을 보고 판단하며 살아가고 있는 걸까요? '내 입장'에서 모든 것을 바라보며 '나를 본위로, 내가 경험할 수 있고, 내가 좋아하는 것'들을 중심으로 세상을 인식하죠. 허상을 보는 겁니다. 그러므로 깨달음이란 바로 이 허상을 극복하고 실상을 보는 것을 의미하죠.

그러므로 깨달음이란 보던 그대로의 방식, 나를 본위로 보는 방식, 맨눈으로 볼 수 있는 것만 보는 방식으로는 얻기가 어렵습니다. 원불교에는 '지금까지 보던 방식, 생각하던 방식'을 타파하고 '있는 그대로의 실상'을 바라볼 수 있도록 이끌어주는 '의두 요목'이 있죠. '진리를 깨치게 하는 중요한 몇 조목의 의심 머리'라는 뜻입니다. 익숙하지 않고 쉽지 않은 질문을 통해, 진리의 깊은 세계에 대한 관심을 유도하고 결국 존재와 현상의 실상을 깨닫게 이끌어주는 질문들입니다.

도저히 이해가 가지 않는 이러한 질문들을 진정으로 관심 두고 의문하며 연마하고 연마하다 보면 진리의 세계로 다가가게 되죠.

만법을 통하여 한마음을 밝히라 하였으니 그것이 무슨 뜻인가, 부모에게 받기 전 몸은 그 어떠한 몸인가, 일체가 다 마음의 짓는 바라 하였으니 그것이 무슨 뜻인가, 마음이 곧 부처라 하였으니 그것이 무슨 뜻인가, 잘 수행하는 사람은 자성을 떠나지 않는다 하였으니 어떠한 것이 자성을 떠나지 않는 공부인가?

잘 모르겠죠? 모르기 때문에 연마하고 의문을 갖는 것입니다. 정말 관심을 두고 경전도 읽어보고, 스스로 생각도 해보고, 도반들과 아울러 의견도 교환하고, 지도인의 지도를 받으며 이해를 더 해가다 보면 서서히 세상의 이치가 보이고 깨달음을 얻게 되죠. 실상에 대한 진정한 관심과 깨달음이라야 우리로 하여금 스쳐 지나가는 세상사에 일희일비하지 않고, 자유와 해탈의 심경으로 진정한 행복에 다가갈 수 있게 합니다. 다양한 관심 중에서도 진리에 대한 의문과 연마, 깨달음과 행복으로 이끄는 지름길이죠.

55

오늘 하루, 점수를 주게 되면 몇 점일까

인생을 자기 뜻대로 사는 사람과 그렇지 못한 사람, 무슨 차이
일까요?

인과를 믿는 사람으로서 그 답은 단순하죠. 그렇게 살기 때문입
니다. 몸과 마음을 그렇게 사용하기 때문에 그런 결과가 나타날
뿐이죠. 옆에서 보면 너무 단순명료한 사실을 본인만 모릅니다.

지난 세월을 돌아보면, 언젠가 마음에 품었던 일들이 현실화되
는 경우가 많습니다. 바쁘게 직장생활을 하던 사람이 '제발 좀 푹
쉬었으면 좋겠다'고 생각을 하거나, 학교 가기 싫은 학생이 '아파
서 학교를 못 가면 좋겠다'고 생각을 하죠. 그러다가 갑자기 실직
을 당하기도 하고, 소풍 가는 날 아파서 소풍을 못 가게 됩니다.
간절히 바랐던 일이었지만, 막상 그 일이 닥치면 '왜 나에게 이
런 일이 일어나는지' 당황스러워하고 억울해하죠. 원치 않는 방

법으로, 원치 않는 시기에 일어나서 그렇지, 지나놓고 생각하면 우리가 언젠가 원했기 때문에 일어나는 일들이 얼마나 많은지 모릅니다.

바로 마음의 힘이죠. 그렇게 위력 있는 마음을 우리는 너무 함부로 쓰고, 돌아보지 않으며, 제대로 관리를 못합니다. 그래서 원불교에서 공부하는 사람들은 마음을 사용한 내역을 기록으로 남기죠. '상시일기'라고 합니다. "당일의 유무념 처리와 학습 상황과 계문에 범과 유무를 기재시키는 것"이죠.

사람이 스스로 원하는 삶을 살아가기 위해서는 '제악막작諸惡莫作, 모든 나쁜 행실을 멈추기, 중선봉행衆善奉行, 많은 선을 받들어 행하기, 자정기의自淨其意, 스스로 그 마음을 맑히고 밝히기 외에는 다른 도리가 없기 때문입니다. 진리나 하늘이 알기 전에 스스로 마음공부 정도와 죄와 복을 기록하며 결산해보는 것이죠.

유무념 처리란 '그날그날 하자는 조목과 말자는 조목에 취사하는 주의심을 가지고 한 것은 유념이라 하고, 취사하는 주의심이 없이 한 것은 무념이라고 해서 유념한 번수와 무념한 번수를 기재'하는 것입니다. 예를 들어 '다른 사람의 말을 경청하자'라는 조목을 정하면 상대방이 하는 말에 귀를 기울였으면 유념이고, 건성건성 들으며 자기 할 말만 생각했다면 무념이죠. 그렇게 유념과 무념의 번수를 기록하는 것입니다.

학습상황은 선악에 대한 분별력을 키우는 지혜를 밝히기 위한 염불, 좌선, 경전, 의두, 성리, 법회, 훈련 등에 대한 학습시간과 참석 여부를 기록으로 남기는 것이고, 계문은 공부인의 수행 정도에 따라 '하지 말아야 할 조항'으로 주어지는 30 계문 준수 여부를 기록하는 것입니다.

이렇게 하루 동안 스스로 얼마나 공부를 했고, 하지 말아야 할 일과 해야 할 일을 얼마나 실행하며 살았나를 기록하며 점검을 하게 되면 마음공부가 마음에서 끝나지 않고 실질적인 삶의 태도 변화라는 형태로 진전되죠. 막상 기록을 해보면, 실제 공부하는 정도가 한눈에 들어와서 분발심도 나고 지속해서 챙길 수 있는 장치가 되기 때문입니다. 그리고 보니, 상시일기가 마음공부를 강화하는 훌륭한 수행법이네요. 한 가지라도 몸과 마음을 변화시킬 목표를 세우고 상시일기를 써보는 건 어떨까요?

56

정기일기를 통한 지혜단련

공부나 수행을 한다고 하면 대개 고요히 눈을 감고 자리에 앉는 명상을 생각합니다. 명상 중요하죠. 그렇다고 온종일 앉아있을 수는 없는 법입니다. 그래서 원불교의 수행은 삶 속에서 공부하고, 공부가 삶을 빛내는 그런 구조를 갖죠. 지지고 볶는 일상에서 일심을 양성하고, 사리를 연구하며, 해야 할 것을 실천하고 하지 말아야 할 것을 멈추는 실행의 공부를 소중하게 생각하는 겁니다.

원불교 마음공부 모습은 다양합니다. 아침저녁으로 심고와 좌선, 기도나 염불 등으로 정신을 수양하는 모습, 낮 동안 가정이나 직장, 학교 등의 각자가 처한 곳에서 자신에게 주어진 의무와 책임을 다하면서 열심히 살아가는 모습, 틈나는 대로 경전을 읽고 일과 이치 간에 의문점을 연마하거나 자신의 본래 성품을 들여다보는 모습, 저녁에 고요히 하루를 돌아보며 일기를 쓰며 하루를 마무리하는 모습 등이죠. 겉모습에 특별한 것은 없지만, 챙기는 마음으로 삶 자체를 공부 삼아 수행하는 태도로 살아가는 겁니다.

그렇게 매 순간을 깨어있는 마음으로 살게 되면 많은 자각과 깨달음이 생깁니다. 심신을 작용함에 있어 시비이해에 대한 이해가 깊어지고, 대소유무의 이치에 대한 지혜가 밝아지죠. 가끔 마음을 스치는 이러한 깨달음은 좋습니다. 하지만, 이러한 깨달음을 그냥 흘려보내지 말고 자세하게 일기를 쓰게 되면 지혜를 단련하는 데 큰 도움이 되죠.

'정기일기'라고 합니다. '당일의 작업 시간 수와 수입 지출과 심신작용의 처리 건과 감각感覺 감상感想을 기재시킴'이죠. 그중에서도 '심신작용 처리건'과 '감각 감상'을 서술형식으로 기재하는 것은 일과 이치 간에 이해와 깨달음을 깊게 하는 좋은 방법이죠. 예를 들어 '심신작용 처리건' 기재의 대체는 이렇습니다.

오늘 누군가가 나에 대해 좋지 않은 말을 했다는 사실을 전해 들었다. 전해 들었지만, 듣고 보니 서운한 마음이 들고 기분이 좋지 않았다. 그뿐만 아니라, 지금 앞에 있지도 않은 그 사람을 향해 마음속으로 계속 해명을 하는 나 자신을 발견하였다. '왜 타인이 나에 대해 좋지 않은 말을 하면 기분이 좋지 않지?' '무엇이 기분을 상하게 하는 거지?' 오래 생각하다 보니, 몇 가지 결론을 얻었다. 그 사람 생각임을 인정하자. 누구나 자기 생각은 있는 법이니까. 말에 걸리지 말자. 말을 말 그대로 이해하자. 말은 말일 뿐, 그 말을 단서로 나쁘게 비약하거나 오해를 더 하지 말자. 그 사람은 자기의 의견을 말했을 뿐만 아니라, 나에게 직접 이야기한 것도 아니지 않은가. 직접 얘기하기 전 까지는 그냥 하나의 의견으로만 생각하자. 직접 이야기한다면 그때 가서 만나서 해결하자. 모든 사람에게 인정받으려 하지 말자. 그것도 욕심 아닌가. 과연 나는 타인을 제대로 알지 못하면서 함부로 평가하거나 비난하지는 않았는지 돌아보자. 나를 포함하여 누구나 쉽게 범하는 과오가 아닌가. 내가 먼저 멈추어야겠구나. 타인으로부터 좋지 않은 말을 듣게 되면 상대가 나를 알아주지 못함을 서운해 할 일이 아니라, 내가 다른 사람에게 저지르는 잘못을 돌아보고 그러한 잘못을 고치는 공부의 기회로 삼으면 되겠구나. 더 이상은 다른 사람에게 전해들은 말로 인해 마음이 상하지 않아도 되겠구나.

이런 식이죠. 어떠한 경계로 인해 시비이해를 분석해보고, 앞으로 몸과 마음을 원만하게 사용할 수 있는 지혜를 연마하는 거죠. 감각감상도 마찬가지입니다. 어떤 이치에 대한 깨달음이 있으면 단편적인 깨달음에 그치지 말고 일기를 통해 깊이 연마하는 거죠.

이렇게 지속해서 깊이 연마하게 되면 듣거나 읽어서 아는 것이 아니라 스스로 알아지는 지혜가 문득문득 열림을 경험하게 됩니다. 체득의 순간이 오는 거죠. 그 깨달음이 바로 나의 깨달음입니다. 그 깨달음을 위해 우리는 정기일기를 쓰죠. 오늘도 내일도 끝나지 않는 길입니다.

57

무시선, 언제 어디서나 선의 심경으로

우리 마음을 자세히 들여다보면, 경계가 있거나 없거나 늘 살아 움직이고 있습니다. 좌선을 해보면 얼마나 많은 생각이 샘솟는지 알 수 있죠. 이런 마음을 두고 어떻게 공부를 해야 하는지 참 궁금합니다.

농사에 관심을 가지면서 마음 밭 가꾸는 요령에 대해 한 생각을 얻게 되었죠. 기름진 밭은 채소도 잘 자라지만 잡초 또한 무성합니다. 생명력이 가득하기 때문이죠. 그런 면에서 우리의 마음 또한 생생하게 살아 움직이는 것 자체는 문제가 아닙니다. 생각이 있는 것이 문제가 아니죠. 어떤 마음이 자라느냐가 문제입니다. 그래서 우리는 수행을 하죠. 터 닦을 선, 선禪을 합니다. 마음 터를 잘 가꾸기 위함이죠.

이 마음 밭을 잘 가꾸려면 마음이 움직이는 현상을 잘 알아야 합니다. 주로 일이 있을 때는 일을 중심으로 마음을 쓰고, 일이 없을 때는 이 생각 저 생각을 하게 되죠. 일이 있어 마음을 쓸 때도 그일 그 일에 집중을 잘 못합니다. '있는 그대로'를 보고 듣고 생각하지 못하고, 늘 나의 이익과 손해, 기호와 선입견, 편견 등에 가려서 마음을 쓰기 때문입니다. 그러다 보니, 잘못 듣고 잘못 이해하고 잘못 행동하는 경우가 허다하죠. 그러므로 일이 있을 때는 최대한 '일심으로 집중하여' '있는 그대로'를 바르게 보고 바르게 행해야 합니다. 그래야 후환을 남기지 않고 바른 마음을 사용할 수 있죠.

일이 없을 때는 이 생각 저 생각이 납니다. 아무리 생각을 하지 않으려 해도 갖은 생각들이 솟아나고 따라가서 좋지 않은 과거에 대해 후회하고, 원망하고, 서운해 하거나 변명을 늘어놓죠. 또는 일어나지도 않은 미래로 달려가 걱정하고 두려워하며 우울해하거나, 지금 갖지 못한 것들에 대한 갈구와 주어진 현실을 회피하려는 마음, 해결되지 못한 문제들로 마음만 급하고, 복잡하며, 아등바등 어쩔 줄 모르는 불안정 속에 답답해합니다. 마치 마음속에 '가시나무' 한 그루 자라고 있어 누구도 쉬지 못하고 편하지도 못하죠.

내 속엔 내가 너무도 많아 당신의 쉴 곳 없네. 내 속에 헛된 바람들로 당신의 편할 곳 없네. 내 속엔 내가 어쩔 수 없는 어둠 당신의 쉴 자리를 뺏고 내 속엔 내가 이길 수 없는 슬픔 무성한 가시나무 숲 같네.

어쩌면 좋을까요?

원불교에서는 '무시선'을 합니다. 일이 있을 때나 일이 없을 때를 선禪의 심경으로 살죠. 때와 장소를 가리지 않고, 언제 어디서나 "원래의 분별주착이 없는 우리의 성품을 깨달아 얻어서 마음의 자유를 얻게 하는 공부"를 하는 거죠. "일이 없을 때는 잡념을 제거하고 일심을 양성하며, 일이 있을 때는 불의를 제거하고 정의를 양성"하는 겁니다. 이 표준을 분명하게 세우고, 관심을 두게 되면 보는 대로 듣는 대로 선의 수행이 되고 방법이 터득되죠.

핵심은 '응무소주이생기심應無所住已生起心'입니다. 그때그때 어디에도 끌리거나 가리거나 집착하는 마음 없이 한 마음을 내는 거죠. 어떻게 하느냐고요? 알려줘서 되는 일이 아닙니다. 스스로 관심을 두고 그 마음을 내보는 연습이 필요하죠. 그 길이 바로 수행이고, 그 속에 방법이 터득됩니다.

58

*

참회,
허물을 고치고 마음 속 탐진치를 제거

생각할수록 종교의 가르침은 단순한 것 같습니다. '모든 악을 멈추고, 널리 선을 행하는 것'이죠. 어떤 종교를 믿든, 어떤 수행을 통하든 결국 일상생활 속 실천의 핵심은 '개과천선, 즉 자신의 허물을 고치고 선을 실천하여 널리 대중을 이롭게 하는 것'입니다.

이러한 실천을 위한 원리로 제시되는 것이 교리죠. 무엇이 옳고 그르며, 어떤 이치에 의해 선이 되고 악이 되며 그 결과는 어떠한지에 대한 근거를 제공해주는 것입니다. 그래서 교리에 대한 이해와 믿음이 깊어질수록 실천력이 더해지죠. 결국, 어떤 종교의 교리든 제대로 이해하게 되면 존재와 현상의 실상을 이해하고, 나와 모든 생명의 조화로운 행복을 지향하게 됩니다.

하지만, 우리의 일상은 어떠합니까? 내 생각이나 감정, 이익이 중요하다 보니, 옳은 줄 알면서도 실천을 못 하고, 그른 줄 알면서도 우를 범하죠. 그렇게 산 세월이 많다 보니, 나의 마음이지만 내 마음대로 못하고, 탐심과 어리석음에 끌려 화를 내며 악을 범하고 해를 끼치며 살아가게 됩니다. 그러니 정신을 차리고 스스로 돌아보는 일이 필요하죠.

참회라고 합니다. '자신의 잘못에 대하여 깨닫고 깊이 뉘우침' 즉, 자신의 잘못을 깨닫고, 시인하고, 용서를 빌며, 고쳐나가는 것입니다. 원불교에서는 '옛 생활을 버리고 새 생활을 개척하는 초보이며, 악도를 놓고 선도에 들어오는 초문'이라고 하죠. 사람이 과거의 잘못을 참회하여 날로 선을 행하면 예전에 지은 업은 점점 사라지고 새로운 업은 다시 짓지 않아 삶이 점점 나아지는 첫걸음이 되기 때문입니다.

그러니 믿음이 돈독한 수행인은 참회를 하지 않을 수가 없죠. '나'라는 존재가 태어나서 살아오면서 알게 모르게 지어왔고, 현재에도 짓고 있는 수많은 잘못에 대한 각성이 생기기 때문입니다.

일단 각성의 마음이 생기면, 두 가지의 방법으로 참회하죠. 바로 사참事懺과 이참理懺입니다. 사참이라 하는 것은 진심으로 진리 전이나, 그 일에 직접 관계된 당사자나 인연을 찾아가서 실질적으로 사과하고 참회를 하는 것이고, 이참이라 하는 것은 잘못을 저지르게 하는 우리 마음의 근본 원인인 탐내는 마음, 화내는 마음, 어리석은 마음 등을 근원적으로 없애나가는 것을 말합니다. 일시적으로 한두 번 참회하고 반성을 한다고 하더라도, 그 모든 허물의 바탕에 깔린 욕심이나 어리석음이 해소되지 않으면 언제든지 또다시 어리석은 마음으로 욕심 부리고 화를 내는 등의 잘못을 반복할 수밖에 없기 때문이죠.

그러니 이참과 사참을 병행해야 합니다. '알고도 짓고 모르고도 지은' 모든 잘못들을 깊이 참회하는 동시에 진리와 내 마음의 본성을 깨달아서 마음 바탕에 있는 욕심이나 어리석음, 화내는 마음을 없애나가는 거죠.

돌아보면, 정말 참회할 일들이 많습니다. 남들에게 말하지 않더라도 스스로는 알고 있는 허물들이 얼마나 큰지 모르니까요. 때로는 돌이킬 수 없이 후회스러운 일들도 있습니다. 그래서 달아나거나 회피하고 싶을 뿐, 직면하고 싶지 않을 수도 있죠. 버겁기 때문입니다.

하지만, "전심작악前心作惡은 구름이 해를 가린 것과 같고 후심기선後心起善은 밝은 불이 어둠을 파함과 같으니라"고 하셨습니다. 과거의 잘못은 구름이 해를 가린 것과 같고 뒷날 선을 행하는 것은 밝은 불이 어둠을 물리치는 것과 같다는 거죠. 희망이 생깁니다. 어떤 잘못이라도 마음 한번 돌이켜 참회하고 선을 실천하기로 하면 어두운 방을 비추는 한 줄기 밝은 빛으로 온 방이 환해지듯, 지난날의 모든 죄과를 덜고 새로운 삶을 살 수 있다는 거죠.

구원이 밖에 있지 않습니다. 지금 여기 참회하는 마음, 참회하는 삶 속에서 이미 구원은 시작되죠.

59

심고와 기도의 힘

살다 보면 주위에서 도와주는 인연이 필요합니다. 든든하게 힘이 되어주는 인연이 있으면 이 세상을 살아가는 데 큰 힘이 되죠. 그래서 혈연, 지연, 학연으로 비롯된 인맥을 소중하게 생각합니다. 인연의 끈을 대고 그 관계를 유지하기 위해 많은 노력을 하죠. 그래서 문제시되기도 하지만, 현실적으로 이 지구 위 어디든지 사람 사는 세상이라면 이 문제로부터 완전히 자유로울 수는 없습니다.

인연이 없으면 어떻게 할까요? 너무 억울하니까 부당함을 호소하고 억울해하고만 있어야 할까요? 하지만 조금만 열린 마음으로 눈을 크게 뜨고 보면 누구에게나 열려있는 엄청난 위력의 인연을 발견할 수 있습니다. 닿지 않는 곳이 없고, 통하지 않는 곳이 없죠. 보이는 세계와 보이지 않는 세계를 아우르며 천지, 부모, 동포, 법률의 모습으로 우리에게 늘 은혜와 사랑을 쏟아 부어 주는 법신불 사은의 맥이죠. 손을 뻗기만 하면 닿을 수 있는 만인에게 평등한 끈입니다. 이 끈은 믿음에 의해 형성되고 심고와 기도를 통해 돈독해지죠.

일반적으로 심고와 기도란 '일정한 목적을 가지고 그 믿는 대상에게 가피와 보호, 또는 소원성취를 비는 행위'입니다. 일종의 신 또는 법신불 사은과의 대화죠. 진리 또는 궁극적 실재와의 신앙적 소통입니다. 기쁠 때나 슬플 때, 외로울 때나 괴로울 때, 답답할 때나 감사할 때 진리 부처님을 향하여 마음을 모으고 정성을 다하면 알게 모르게 기운이 통하여 원하는 바를 이루거나 마음의 안정을 얻고 나아갈 길을 찾게 되죠.

그것은 '사람의 마음이란 하늘마음과 같아서 한번 일심이 되어 조금도 사가 없게 되면 천지와 더불어 그 덕을 합하여 모든 일이 그 마음을 따라 성공되기 때문'입니다. 그러므로 '아침저녁으로 사심 없이 기도를 드리면 자기 마음이 대자대비한 부처님 심경과 같이 되어 자기에게 먼저 이익이 돌아오고, 그 소원이 달성되어 마침내 대중에게 그 이익이 돌아가게' 되죠.

오롯한 마음으로 정성을 들여 기도하면 위력이 있다는 말입니다. 상상할 수 없는 어떤 변화가 일어나는 거죠. 때로는 우리가 원하는 바가 이루어지기도 하고, 때로는 겸허하게 포기하고 새로운 길을 찾기도 합니다. 어떠한 결과라도 사랑과 은혜로부터 비롯된 거죠. 그러한 믿음으로 진리계와의 맥을 돈독히 하면 인간계에서 주어지는 어떠한 혈연이나 지연, 학연보다 위력적입니다. 그 힘을 알고 보면, 심고와 기도를 하지 않으려야 안 할 수가 없게 되죠.

이 심고와 기도를 할 때는 주의할 점이 있습니다. 자력과 타력을 겸해야 하죠. '진리 전에 뭔가를 달라고 간청만 드릴 것이 아니라, 반드시 자신의 각오와 실천할 것을 먼저 고백하고 위력을 내려주시라 기도해야' 합니다. 또한 '원을 세우고 맹세함에 있어서 위반되면 사은의 위력으로써 죄벌이 있으므로 거짓된 심고와 기도를 하지 않도록 주의'해야 하죠.

사실 진정한 심고와 기도는 자신의 욕구를 채우거나 부족한 것을 얻으려 하기 보다는 자신의 헛된 욕망과 집착을 내려놓고 진정한 자아에 대해 눈을 떠서 수용하고 감사하며 널리 사랑과 자비를 실천하도록 원을 발하는 마음이 먼저입니다. 그런 마음에 행복이 싹트고 낙원이 열리기 때문이죠.

세상 사는데 인맥이 약해서 걱정입니까? 심고와 기도를 통해 든든한 진리계에 맥을 한 번 대보는 건 어떨까요?

60

불공, 끊임없는 복락의 길

들여다보면 집집이 사연 없는 집이 없습니다. 가족의 건강, 경제고, 부부나 부모 자녀 간의 갈등, 자녀들의 학업이나 취업, 결혼, 출산 등 애로 없는 집이 없죠. 하지만, 사람마다 그 직면하고 겪어내는 태도에는 차이가 있습니다. 하소연만 하는 사람, 괴로워만 하는 사람, 달아나려는 사람들이 있는가 하면 약간의 가능성을 발견하고 할 수 있는 최선을 다하면서 안분하고 노력하는 사람들이 있죠.

실제 필요한 것은 그러한 문제를 해결할 방법을 찾아 그에 상응한 조처를 하는 것입니다. 제일 확실한 방법은 그 문제의 근본을 해결하는 거죠. 하지만, 세상일이 그렇게 쉽지가 않습니다.

그래서 누군가를 찾게 됩니다. 내 힘만으로 되지 않으니, 도움의 손길을 청하는 거죠. 하나님이나 예수님, 부처님을 찾게 됩니다. 원불교에서는 '법신불 사은님'을 찾죠. 그 형체를 알 수 없고, 볼 수도 만질 수도 없지만, 천지 부모 동포 법률의 모습으로 늘 우리에게 은혜를 주시는 부처님 말입니다. 그 부처님은 우리의 많은 말과 그 말로 인해 규정지어진 모든 개념의 길이 뚝 끊어져 버린 그 자리 그 상태로 직접 경험할 수도 있고, 우리 앞에 펼쳐진 무궁무진한 세상, 우리가 경험하고 관계하는 그 모든 것, 눈에 보이거나 보이지는 않지만, 끊임없이 작용하는 모든 이치를 아우르는 바로 그 자체입니다. 어떻게 표현할 방법이 없죠. 그래서 대종사님께서는 '일원상'을 택하셨습니다. 법신불이면서 사은인, 근원으로 보면 법신불이고 그 작용과 현상으로 보면 천지 부모 동포 법률의 사은인 그 어떤 대상을 '법신불 일원상'으로 표현하신 거죠. 그래서 우리는 이 '법신불 일원상'을 통해 '법신불 사은'을 믿고 닮아가고자 하는 것입니다.

도움의 손길을 청할 때는 이 법신불 사은을 믿고 정성을 들이며 빌죠. 이렇게 믿고 원하는 바를 빌며 정성을 바치는 행위를 불공佛供이라고 합니다. 과거 불교에서는 불보살 전에 공양을 올리며 정성을 바쳤기 때문이죠.

원불교에서도 죄를 사하고, 복을 구하는 등 원하는 바를 이루기 위해 불공을 드립니다. 불공을 '법신불 사은'께 드리죠. '법신불 사은 부처님'을 찾다 보니, 세상에 부처 아님이 없고 부처 없는 곳이 없습니다. 그래서 원불교 불공은 진리불공과 당처불공두 가지가 있습니다. 진리불공이란 전체를 아우르는 법신불 전에 모든 것을 비는 것이고, 당처불공은 그 직접적인 사은 당처에 부처님께 불공하듯이 정성을 바치고 위력을 구하는 것입니다. '천지에게 당한 죄복은 천지에게, 부모에게 당한 죄복은 부모에게, 동포에게 당한 죄복은 동포에게, 법률에게 당한 죄복은 법률에게 직접 비는 것으로 사실적인 동시에 반드시 성공하는 불공법'이기 때문이죠.

'그 기한에서도 막연히 한정 없이 하는 것이 아니라, 그 일의 성질을 따라 적당한 기간으로 불공'을 합니다. 그러므로 우리가 안고 있는 현안을 해결하고 원하는 바를 이루기 위해서는, 어려울 때 그때에만 진리 전에 매달려서 될 일이 아니고, 평소에 당하는 처소마다 만나는 인연마다 그 일의 성질에 맞게 실질적인 정성을 들이는 당처불공을 병행해야 합니다. 그래야만 보다 사실적으로 우리가 원하는 바를 이루며 복락을 장만할 수 있기 때문이죠.

삶의 문제를 해결하고 복락을 내려줄 위력 있는 부처님, 어디에서 찾고 계십니까?

61

계문을 내 마음의 등불 삼아

수행이 어려운 것 같지만, 그 원리는 몹시 단순합니다. 수행의 완성이라 할 수 있는 성불제중조차도 대산 종사님께서는 아주 단순하게 표준 잡아 주셨죠.

> 성불이란 자신의 악습을 고치는 것이요, 제중이란 널리 생령을 이롭게 하는 것이다.

이 말씀을 표준삼으면 우리의 평범한 일상에서도 성불제중을 실현하며 살아갈 수 있습니다. 문제는 실질적 노력이죠. 실질적인 노력을 하려면 구체적인 표준이 있어야 합니다. 고쳐야 할 습관과 널리 생령을 이롭게 할 표준을 잊지 않고 경계를 당할 때마다 실행하고, 대조하며, 습관이 되고 삶의 방식이 되도록 까지 챙기고 훈련하는 거죠.

그중에서 특히 '하지 말아야 할 일의 목록'이 바로 계문입니다. '경계하는 문구'로서 종교가에서 이미 나타난 잘못이나, 앞으로 잘못을 범할 수 있는 동기까지 조문화하여 경계하도록 하죠. 원불교에도 계문이 있습니다. 30계문이라고 해서 입문부터 신앙과 수행의 정도에 따라 단계적으로 주어지죠. 보통급, 특신급, 법마상전급이라는 법위등급에 따라 10계문씩이 주어집니다.

처음으로 입문하면 보통급으로서 남녀노소 유무식에 상관없이 10가지의 계문이 주어집니다. 아주 기본적인 악행을 방지하는 계문들로서 '연고 없는 살생, 도둑질, 간음, 연고 없는 음주, 잡기, 악한 말, 연고 없는 쟁투, 공금횡령, 연고 없는 벗과의 금전거래, 연고 없는 흡연' 등을 경계하는 거죠. 여기에서 '연고가 없다'는 것은 정당한 이유가 없다는 의미입니다. 정당한 이유가 있을 때는 허용이 된다는 거죠. 그것은 원불교가 생활불교를 지향하기 때문에 사회생활을 하면서 어쩔 수 없는 상황들에 유연하게 대처하기 위함입니다. 그러므로 원불교 계문에서 모든 '연고 조항'은 그 계문의 본의를 잘 알아서 성심껏 실천하는 노력이 중요하죠.

이후 공부에 진전이 있고 흔들리지 않는 믿음에 이르게 되면 특신급 계문이 주어집니다. '공중사 단독처리, 타인의 과실 언급, 금은보패 정신없이 구하기, 의복을 빛나게 꾸미기, 정당하지 못한 벗을 좇아 놀기, 두 사람이 아울러 말하기, 신용, 비단같이 꾸

미는 말, 연고 없이 때 아닌 때 수면, 예 아닌 자리에서의 가무'
등을 경계하는 주문이죠. 삶의 중요 관심사를 전환함으로써 아
무 때나 자고 놀고 꾸미는 등 함부로 살던 데서 말을 조심하고,
선근자를 가까이하며, 공중사를 책임 있게 이행하는 삶으로 전
환하도록 경계하고 이끄는 계문들입니다.

좀 더 공부에 진전이 있어 법과 마를 구분하고, 교리를 대강 이
해하며 마음에 사심을 제거하고 공부에 재미를 붙여 무관사에
동하지 않을 정도에 이르면 법마상전급 10계문이 주어집니다.
'아만심, 두 아내 거느리기, 연고 없는 육고기 섭취, 나태, 한 입
으로 두 말, 망녕된 말, 시기심, 탐심, 진심, 치심' 등을 경계하는
계문이죠. 주로 말을 조심하고 아만심을 비롯한 탐진치 삼독심
을 제거하며 나태를 극복하고 먹는 것조차도 삼가며 수행 정진
에 깊이를 더하도록 이끄는 계문이죠.

이러한 계문을 대종사님께서는 '어두운 데 흐르지 않고 밝은
데로 향해 나갈 수 있는 등불'이라고 하셨습니다. 캄캄하면 앞이
보이지 않죠. 앞이 보이지 않는 상황에서 한 줄기 빛은 생명이자
희망입니다. 번거롭고 지키기 어려운 것 같지만, 이러한 계문들
은 우리를 악업으로부터 벗어나게 해주고, 참된 자유와 행복의
길로 인도합니다.

계문, 우리 앞날을 밝혀줄 등불이 지금 우리 맘속에서는 어떤
빛깔로 빛나고 있을까요?

62

솔성요론 1·2조, 법을 믿을 때는

농사를 잘 짓는 농부는 잡초를 성실히 제거하지만, 좋은 씨앗을 심고 가꾸는 일 또한 때에 맞게 잘합니다. 우리의 수행도 마찬가지죠. 자신의 허물을 고치거나 악업을 짓지 않는 것도 중요하지만, 우리의 본래 마음인 성품을 잘 수호하고 발현하는 것도 중요합니다.

'솔성率性'이라고 하죠. 성품을 잘 거느리고 발현하는 것 말입니다. 원불교에는 자신의 성품을 직접 잘 수호하고 발현하는 자체를 수행 삼게 한 조항들이 있죠. 바로 '솔성요론率性要論' 16조항입니다. 그 중 첫 조항에는 종교를 믿을 때의 지침이 제시되어 있죠.

1조. 사람만 믿지 말고 그 법을 믿을 것이요

210

2조. 열 사람의 법을 응하여 제일 좋은 법을 믿을 것이요

법, 그러니까 종교의 가르침을 택하여 믿을 때는 '열 사람의 법을 응하여 제일 좋은 법을 믿어야' 합니다. 좋은 가르침이라고 세상에 나와 있는 많은 법 가운데 때로는 검증되지 않은 것들이 있을 수 있기 때문이죠. 때로는 신비체험 등으로 사람을 현혹하는 경우도 있고, 기복적인 믿음에 그칠 수도 있으며, 일반적인 사회생활이 불가능할 정도로 종교에만 몰입하게 하는 경우가 있습니다. 우리가 어떤 물건 하나를 사더라도 꼼꼼히 비교하고 따져보고 사죠. 그와 마찬가지로, 종교도 어떤 인연에 끌려 맹목적인 믿음을 갖지 말고, 이 종교가 진리적이고 사실적인지를 먼저 살펴봐야 합니다. 그 가르침이 오랜 세월 사람들에 의해 검증이 되고, 그 법을 믿음으로써 믿는 사람 스스로 건실한 삶을 살고 널리 대중에게도 유익을 주는지 아닌지를 살펴보는 거죠.

그래서 진리에 근거하고, 대중의 검증 과정을 거쳤으며, 자신의 삶을 빛낼 수 있도록 사실적이고, 대중에게도 널리 유익을 주는 종교적 가르침을 선택하여야 합니다. 종교는 믿음의 영역에 해당하기 때문에 한 번 믿음을 발하여 믿기 시작하면 헤어나기가 어렵죠. 자칫 잘못된 가르침을 믿고 따르게 되면 이생에서뿐 아니라 영생을 통하여 잘못된 길을 걸을 수도 있으므로 정말 주의할 일입니다.

그런 과정을 거쳐 어떤 종교에 믿음을 발하게 되면 '사람만 믿지 말고 그 법을 믿어야' 합니다. 종교의 가르침은 주로 사람에 의해 배우고 가르치게 되죠. 법이 좋아 종교생활을 시작했다가도 점점 사람 본위로 친분에 끌리고 익숙해지면서 차츰 법은 멀어지고 인간관계에 비중이 더 커지는 경우가 생기게 됩니다. 그래서 때때로 종교 구성원 간의 갈등이 시작되죠. 성직자나 신도, 교도들에 대한 불만이 생기고, 시비와 갈등이 발생합니다. 때로는 그러한 인간관계 때문에 법과의 인연이 끊어지기도 하죠. 안타까운 일입니다. 그러므로 종교생활을 할 때는 '사람'이 아니라 '법'이 중심이 되도록 정신을 바짝 차려야 하죠.

교무님이나 교도님의 허물이 보이고 마음에 불만과 불평이 생긴다면 자신에게 물어봐야 합니다. "내가 이곳에 뭐 하러 왔나?" 그 길이 우리 성품을 지키고, 본래 마음을 따르는 방법이기 때문이죠. 그렇게 마음을 챙기고 돌리고 바르게 지켜가는 것, 그것이 바로 삶 속에서의 실질적인 공부의 한 방법입니다.

63

배우기를 좋아하고 잘 배우자

나이가 들수록 외로움을 호소하는 사람들이 많습니다. 하던 일을 그만두고, 만나던 사람이 줄어들면서 점점 혼자 있는 시간이 많아지기 때문이죠. 정말 늘어나는 여유 시간에 무엇을 하면서 보내면 좋을까요?

무슨 일을 해도 잘 풀리지 않는 사람들이 있습니다. 노력은 하는데 성과가 없다는 거죠. 했던 실수를 되풀이하고, 분위기 파악을 잘 못 합니다. 그래서 남들보다 뒤처지는 일이 많고, 급변하는 세상에 적응이 잘 안 되죠. 이런 사람들은 또 어떻게 해야 좋을까요?

결국, 배움입니다. 원불교 대종사님은 그러한 한계를 극복하는 길로 배움의 길을 제시하셨죠.

3조. 사생四生 중 사람이 된 이상에는 배우기를 좋아할 것이요

4조. 지식 있는 사람이 지식이 있다 함으로써 그 배움을 놓지 말 것이요

5조. 주색 낭유酒色浪遊하지 말고 그 시간에 진리를 연구할 것이요

8조. 일일 시시日日時時로 자기가 자기를 가르칠 것이요

10조. 다른 사람의 그릇된 일을 견문하여 자기의 그름은 깨칠지언정
      그 그름을 드러내지 말 것이요

11조. 다른 사람의 잘된 일을 견문하여 세상에다 포양하며 그 잘된
      일을 잊어버리지 말 것이요

배우는 수밖에 없다는 것입니다. 사람으로 태어난 이상 배우지 않고서는 그 책임과 의무를 다하기가 어렵고, 개별적인 한계 또한 극복하기가 어렵기 때문이죠. 그런데도 문제는 어느 정도 알게 되면 그 아는 것에 만족하여 배우기는 게을리하면서 자기 생각을 고집하고 심지어 주위 사람들에게 강요한다는 것입니다. 스스로 잘 알지도 못하고 완벽하지도 못하면서 주위에 강요까지 하게 되면 그 삶의 고통이란 불을 보듯 뻔한 일입니다.

하지만, 스스로는 알지 못하죠. 실패가 잦고, 주위 사람들이 가까이하기를 싫어하며, 자신도 하고자 하는 일들이 잘 안 되어 고통스럽죠.

그러므로 우리는 겸허한 마음으로 평생 배움의 길을 놓지 않아야 합니다. 두 가지죠. 진리를 연마하는 일과 실제적인 일과 이치

에 대한 배움입니다. 스마트폰 사용법은 진리를 연마함으로써는 해결되지는 않죠. 마찬가지로 사리에 밝고 사회생활에 능력이 있다고 해서 진리에 대한 안목과 마음의 힘이 세지는 것도 아닙니다. 우리는 평소에 늘 만나는 인연마다, 일마다, 경계마다 알음알이를 얻고, 틈나는 대로 수양도 하고 세상사 이치에 대한 진리적 안목을 키워나가야 하죠. 그래야 넉넉한 마음과 걸림 없는 지혜의 힘으로 삶의 문제를 해결하고 능력을 갖추며 살아갈 수 있게 됩니다.

지식이 있다 해서 멈출 수 있는 일도 아니고, 시간이 있다고 해서 술과 여색을 좇아 놀 일도 아니죠. 배우고자 하는 마음만 있다면, 언제 어디서나 보는 대로 듣는 대로, 타인의 경험을 통해서조차 우리는 배우고 깨달을 수 있습니다. 평생 그렇게 일과 이치 간에 꾸준히 배우는 노력을 지속하게 되면 점차 실수나 실패가 줄어들고, 능력이 생겨나며, 궁극적으로는 생사대사와 영생의 문제까지도 해결해 나갈 수가 있게 되죠.

시간이 많아 외롭다거나 하는 일이 잘 안 풀려 괴롭다면 우리의 배움의 자세를 살펴볼 필요가 있습니다. 무엇이 문제인지, 어디서부터 해결해야 하는지, 해결해야 할 문제가 없다면 생사대사와 영생의 문제가 자신 있는지? 스스로 점검해 볼 일이죠.

64

집착하지 않으면 자유입니다

때때로 우리는 나이가 들면서 많은 것을 깨닫게 됩니다. <지금 알고 있는 걸 그때도 알았더라면>이라는 류시화 시인의 번역시 제목과 같이 우리가 지금 알고 있는 걸 좀 더 일찍 알았더라면 싶을 때가 있죠.

그중에 하나가 집착에 관한 것입니다. 철이 없을 때는 '이것 아니면 큰일이 날 것만 같은 일'이 많았죠. 그래서 가슴을 졸이거나 조바심치고, 때로는 잠을 못 이루는 날들도 많았습니다. 하지만, 세월이 이쯤 흐르고 지난날을 돌아보니, '꼭 그래야 할 것 같았던 일들이 그러지 않아도 괜찮았음'을 알게 되면서 마음이 한결 편안해졌죠. 그렇다고 완전히 자유로운 것은 아닙니다. 그래서 때때로 마음이 어떤 불편함이나 불안함, 걱정이나 두려움으로 흔들리곤 하죠. 그럴 땐 스스로 물어봅니다. 지금 '그 마음은 어떤 집착에서 비롯된 것이냐' 하고 말이죠.

아닌 줄 알고, 괴로움의 근원인 줄 알면서도 우리는 태생적으로 '어떤 한 편에 집착하는 경향'을 갖습니다. 왜 그럴까요?

그것은 육체를 가진 존재로서 나를 중심으로 보고, 전체의 실상을 보지 못하는 안목의 한계 때문입니다. 그래서 내 방식으로 모든 것을 판단하고, 좋다 싫다 분별하며, 좋은 것은 갖고 싶고 싫은 것은 피하고 싶은 욕구를 갖게 되고, 그러한 욕구가 강해지면 집착이 되죠. 그러니 집착은 크게 몇 가지로 크게 나눌 수 있습니다. 내 방식과 주장에 대한 집착, 가지고 싶은 것에 대한 집착, 피하고 싶은 것으로부터 달아나려는 집착 등이죠. 그렇다면 어떻게 이러한 집착에서 벗어날 수 있을까요?

집착할 것이 없음을 깨달아야 합니다. 세상사 모두 은생어해恩生於害 해생어은害生於恩으로 끊임없이 변화하기 때문에 은혜라고 영원한 은혜가 아니고, 해악害惡이라고 영원한 해악이 아니라는 것을 아는 거죠. 세상의 많은 현상이나 존재들에게는 장단점이 공존함을 이해하는 겁니다. 한편만 보면 장점만 보이기도 하고, 단점만 보이기도 하지만, 전모를 보면 늘 장단점이 같이 있죠. 그러니, 한편만 보고 집착할 것이 없다는 말입니다.

게다가 세상사 우리 뜻대로 할 수 있는 것이 그렇게 많지 않습니다. 많은 일이 내 의지와는 상관없이 일어나죠. 그러므로 우리가 할 수 있는 한 최선을 다하더라도, 우리 영향권 밖의 일에 대해서는 겸허한 마음으로 수용하고 인내하며 직면하는 수밖에 다른 도리가 없습니다. 피한다고 될 일이 아니고, 걱정해서 될 일이 아니라는 것이죠. 집착한다고 될 일이 아니라는 것입니다. 마음을 크게 열고 눈을 길게 뜨고 넉넉한 마음과 밝은 지혜로 내 뜻대로 할 수 없는 것들에 대해서는 내 뜻대로 하려는 집착을 내려놓고 믿고 맡기는 수밖에 없죠.

그렇게 장단이 공존하고, 집착한다고 내 뜻대로 할 수 있는 것이 아니라는 것을 깊이 깨닫는다면 집착할 이유가 없어집니다. 심지어 대종사께서 '밖으로는 능히 모든 인연에 대한 착심을 끊고 안으로는 또한 일심의 집착까지도 놓아야'한다고 하셨죠.

6조. 한 편에 착着하지 아니할 것이요

우리 본성을 실현하는 요긴한 방법의 하나입니다. 명심하세요. 무슨 일이든지 집착하면 고통이고, 그 집착을 놔버리면 언제나 은혜이고 자유입니다.

65

공존을 위한 상호 공경과 정의 실현

사람은 사회적 동물입니다. 혼자서는 그 생명 자체를 이어가기도 쉽지 않을뿐더러 사회적 관계 속에서 행복과 의미를 느끼며 살아가죠. 그러므로 우리들의 진정한 행복은 다른 사람과의 관계를 떠나서는 생각하기가 어렵습니다. 문제는 그 각각의 사람들이 서로 다른 욕구와 다른 생각을 가지고 살아간다는 것이죠.

내가 행복하기를 바라는 것과 마찬가지로 다른 사람들 또한 행복을 바라고, 내가 고통을 피하고 싶듯이 다른 사람들 또한 고통은 싫어한다는 것입니다. 그리고 모두 자기의 의견이 있다는 거죠. 세 살짜리 꼬마도 자기 생각이 있고, 선호하는 방식이 있습니다.

그런데 우리는 너무 쉽게 그 사실을 잊어버리죠. 마치 세상이 내 뜻대로 굴러가야 할 것처럼 다른 사람의 생각이나 살아가는 방식을 너무 쉽게 평가하고 내 생각이나 방식을 주장하고 강요하게 됩니다. 다른 사람도 모두 자기 생각이 있고, 자기 방식이 있는데도 말이죠.

그러므로 우리는 모두가 함께 잘살 수 있는 공존의 기술로 상호 공경과 정의를 실행하는 공부가 필요합니다. 심지어 원불교 대종사께서는 '처처불상 사사불공'이라고 하셨죠. 사람뿐 아니라 이 세상 모든 존재가 부처님과 같은 위력과 권능을 가진 존재이니 언제 어디서나 부처님 대하듯 대하라는 겁니다.

> 7조. 모든 사물을 접응할 때에 공경심을 놓지 말고, 탐한 욕심이 나거든 사자와 같이 무서워할 것이요

세상 모든 존재의 위력을 알아서 존중하고 공경심을 잃지 말며, 지나친 욕심이 나면 사자를 만난 듯이 무서워하고 조심하라는 거죠. 내 욕심만 차리려고 하면 반드시 어떤 화가 따르기 때문입니다. 그러므로 의견이 다르고 이해가 다른 존재들이 어울려 사는 이 세상에서 평화롭고 행복하게 살아가기 위해서는 각자 각자가 정당한 일을 하고, 부당한 행을 그쳐야 하죠. 그래서 소태산 대종사님은 우리의 성품을 따르고 발현하는 수행으로 정당한 일을 행하고 부당한 일은 하지 말라고 분명히 밝히십니다.

13조. 정당한 일이거든 아무리 하기 싫어도 죽기로써 할 것이요

14조. 부당한 일이거든 아무리 하고 싶어도 죽기로써 아니할 것이요

누구든지 부당한 일을 하거나 정당한 일을 하지 않으면 불화나 불편, 고통이 따르기 때문입니다. 다른 사람이 뭐라고 하든지 스스로 정의를 실천하고 불의를 멈추는 것이 그 모든 불화나 불편, 고통을 줄이는 첩경이죠. 어떠한 유혹과 경계가 있더라도 정의를 잃지 않고, 불의에 끌리지 않으려는 이러한 일련의 노력이야말로 실질적인 삶 속에서의 솔성 수행입니다.

스스로 그러한 노력을 하면서 타인의 생각과 방식에 대해서는 존중과 공경함이 필요하죠. 다른 사람에 대한 존중과 믿음, 우리에게는 타인을 내 맘대로 좌지우지할 책임이나 능력이 없다는 사실을 자각하고 겸허하게 살아가는 거죠.

15조. 다른 사람의 원 없는 데에는 무슨 일이든지 권하지 말고 자기 할 일만 할 것이요

이렇게만 살아간다면 세상은 얼마나 평화롭고 조화로울 수 있을까요? 공존을 위한 상호 공경과 정의 실현, 우리가 삶 속에서 잊지 말고 흔들리지 말아야 할 사실적인 수행입니다.

66

타인의 잘잘못이 보일 때에는

　사람은 분명 사회적 동물입니다. 그래서 좋든 싫든 다른 사람과 어울려 살아야 하죠. 그러다 보니 늘 말이 많고 시비가 끊임이 없습니다. '좋다 싫다', '이래야 한다, 저래야 한다', '어떻게 그럴 수 있어?', '이해가 안 가', '나라면 ~ 않을 텐데' 등등. 우리는 너무 쉽게 타인의 삶의 방식에 대해 평가하고 비난하죠.

　때로는 사실을 확인하지도 않은 채 소문을 내기도 합니다. 이유도 모르는 상대방은 억울해도 어쩔 수가 없죠. 이런 악순환이 곳곳에서 비일비재합니다. 문제는 우리 자신조차도 그러한 부당함과 억울함을 피해갈 수 없다는 거죠. 어울려 사는 세상이기 때문입니다. 그러니 바뀌어야 하죠. 누군가는 악순환의 고리를 끊고 이러한 부조리와 풍토를 바꿔나가야 합니다.

　마음공부나 수행이 생활을 떠나 먼 곳에 따로 있지 않죠. 지지고 볶는 일상 속에서 정신을 차리고 우리의 언행을 주의하는 것에서부터 시작됩니다.

> 10조. 다른 사람의 그릇된 일을 견문하여 자기의 그름은 깨칠지언정
> 그 그름을 드러내지 말 것이요
> 11조. 다른 사람의 잘된 일을 견문하여 세상에다 포양하며 그 잘된
> 일을 잊어버리지 말 것이요
> 12조. 정당한 일이거든 내 일을 생각하여 남의 세정을 알아줄 것이요

다른 사람의 잘못이 보일 때는 스스로 깨칠지언정 그 그름을 드러내지 않도록 하고, 다른 사람의 잘된 점이 보일 때는 널리 세상에 알릴지언정 시기하거나 질투하지 않는 겁니다. 쉽지는 않죠. 남의 잘못된 일을 보고도 비난하거나 지적하거나 소문내지 않기가 쉽지 않고, 남의 잘된 일을 보고 진심으로 기뻐하고 널리 세상에 알리기가 쉽지 않은 게 사실입니다.

하지만 처지 바꿔 생각해보면 잘못은 덮어주고 잘된 점을 알리는 상대가 얼마나 고맙고 기쁜지 모르죠. 사람 마음 똑같습니다. 이 이치를 생각하면 다른 사람의 잘잘못이 보일 때 어떻게 처신을 해야 할지 명확해지죠. 그러므로 챙기는 마음이 필요합니다. 깨어있는 마음으로 정신 차리고 우리의 언행을 주의하지 않는다면 나쁜 습관의 악순환이 우리를 고통으로 이끌게 되죠.

괴롭다 즐겁다 하는 이들아! 고락의 원인들을 생각해보라. 우연히 받
는 고락 어디 있으랴. 알고 보면 지어 받는 고락이니라.

우리의 사소한 언행이 그에 걸맞은 결과를 불러오죠. 그러니
일상의 사소한 언행을 수행 삼아 '특별히 부당한 일이 아니라면
남의 잘못은 감싸주고, 세정을 알아주며, 잘된 점은 널리 알려 큰
기쁨을 함께하는 노력'이 필요하죠.

너나 할 것 없이 우리는 부족합니다. 그 부족한 내가 남의 삶을
함부로 평가하고 비난하는 것은 오만이죠. 나를 돌아보지 않은
채 타인에 대해 끝없이 요구하는 것은 분명 욕심입니다. 욕심임
을 알아차리면 마음이 비워지죠.

상대의 잘잘못이 보일 때는 자신을 돌아봐야 합니다. 마음을 비
우고 어쩔 수 없는 우리의 한계를 인정하고 있는 그대로의 상대
를 다시 보는 거죠. 이해가 쉬울 뿐 아니라 장점도 보일 겁니다.

67

내 몸을 먼저 닦고, 가정을 건실하게

'나라가 바뀌어야 한다', '세상이 바뀌어야 한다'며 세계적으로 나라 안팎이 떠들썩합니다. 많은 사람에 의해 다양한 해법들이 회자되지만, 정말 어떻게 해야 좀 더 나은 세상, 좀 더 나은 나라가 될 수 있을까요?

지금으로부터 100여 년 전 원불교 소태산 대종사께서도 같은 고민을 했습니다. 깨달음을 얻은 후 세상을 살펴보니 세상은 온통 원망 병, 의뢰 병, 불합리한 차별 병, 안 가르치는 병, 자기 몸 자기 가정만 알다가 죽게 되는 병 등으로 고통받으면서도 정작 당사자들은 자신이 무슨 병에 걸렸는지조차 알지 못했죠. 고통받는 이들을 '광대무량한 낙원으로 인도'하기 위해서는 당장이라도 어떠한 조처를 해야만 할 것 같은데 어디서부터 시작을 해야 할지 대종사께서는 막막했을 겁니다.

고심 끝에 1916년인 원기 원년 5월 '최초법어'가 탄생합니다. 세상을 구하는 중요한 방법으로 가장 기본적인 해법을 제시하신 거죠. 수신의 요법, 제가의 요법, 강자 약자 진화상 요법, 지도인으로서 준비할 요법 등 4가지가 그것입니다.

유가의 『대학』에서 제시하는 올바른 선비의 길 중 수신제가 치국평천하의 개념과 상통하는 해법이죠. 스스로 몸을 닦아 가정을 바로 세우고, 강자 약자가 각자의 위치에서 서로 자리이타로서 배우고 이끌어 모두가 영원한 강자가 되도록 노력하며, 지식이든 지혜든, 경제든 기술이든 어떠한 방면에서든지 타인을 지도하고 이끌 수 있는 역량을 가진 사람들은 지도인으로서 준비할 요법을 익혀 사람들을 바른길로 인도해나갈 때 세상은 실질적으로 나아질 수 있기 때문입니다.

수신修身의 요법, 즉 자기 몸을 먼저 닦을 때는 "1) 시대를 따라 학업에 종사하여 학문을 준비하고, 2) 정신을 수양하여 분수 지키는 데 안정을 얻을 것이며, 희·로·애·락의 경우를 당하여도 정의를 잃지 않으며, 3) 일과 이치를 연구하여 허위와 사실을 분석하며 시비와 이해를 바르게 판단하고, 4) 응용할 때에 취사하는 주의심을 놓지 아니하고 지행을 같이 하도록 노력"해야 합니다. 그렇게 학문과 수양, 연구, 취사의 삼학으로서 도학과 과학이 병진 되는 원만한 인격을 갖춰나가도록 하죠.

그리고 제가齊家의 요법, 즉 가정을 돌볼 때에는 "1) 생산 경제에 종사하여 의·식·주를 완전히 하고 매일 수입 지출을 대조하여 근검저축하며, 2) 가장된 자로서는 견문과 학업, 자녀의 교육이나 상봉하솔의 책임을 잊어버리지 않도록 하며, 3) 가족들이 서로 화목하고 의견을 교환하며, 4) 안으로 마음 밝혀 주는 도덕의 스승이나 친구를 갖고, 밖으로 정치에 복종하며, 5) 다른 가정들은 어떠한 희망과 어떠한 방법으로 안락한 가정이 되었으며 실패한 가정이 되었는가 참조"하여 건실한 가정을 이루도록 노력을 해야 합니다. 가화만사성이라 했죠. 집안이 화목하면 모든 일이 잘된다는 말입니다.

정말 세상을 바꾸고 나라를 바꾸는 일도 중요하지만, 내 몸을 바로 세우고 가정을 원만하게 가꾸는 일이 먼저죠. 개인과 가정을 떠난 세상과 나라는 불가능하기 때문입니다. 한방에 세상을 시원하게 바꿀 방법이 있으면 얼마나 좋을까요? 하지만 그런 묘안은 없습니다. 내가 변하고 우리 가정이 변하는 수밖에 없죠.

68

영원한 강자와 준비된 지도인의 덕목

더욱 나은 세상을 위해서는 함께 노력해야 합니다. 누군가의 일방적인 노력만으로는 '낙원 세상'이 불가능하기 때문이죠. 자연계의 존재 방식은 약육강식입니다. 강자와 약자가 먹이사슬로 연결되어 먹고 먹히는 관계에 의해 생명이 지속하죠.

인간은 다릅니다. 사회적 동물이죠. 삶의 의미를 물으며, 상호 협력 때문에 공동선을 추구하는 도덕적 의지가 있다는 것입니다. 하지만, 대종사께서 대각을 이루시고 살펴보신 세상에는 문제가 있었죠. 당시 열강들의 제국주의 정책으로 식민지로 삼은 수많은 백성이 나라를 잃은 설움과 핍박 속에 고통받고 있었던 겁니다. 소태산 대종사는 그러한 약육강식으로는 세상의 지속 가능한 발전이 불가능하다고 보았죠. 개인이든 국가든 강자는 약자를 이끌고 약자는 스스로 강자가 되려는 노력이라야 모두가 영원한 강자로 나아갈 수 있다고 가르쳤습니다.

'강자·약자의 진화進化상 요법'이죠. 무엇이든 이기는 것을 강이라 하고, 지는 것을 약이라 할 때 세상은 강약이 나뉠 수밖에 없습니다. 이기는 사람이 있으면 지는 사람이 있고, 얻는 사람이 있으면 잃는 사람이 있기 때문이죠. 하지만 강자와 약자가 서로 노력을 하면 모두 함께 영원한 강자가 될 수 있습니다. 이상적으로 들릴지 모르지만 불가능한 일도 아니죠.

세상이 나아지려면 그렇게 노력하는 수밖에 없습니다. 개인이나 국가나 누구 한 편의 일방적인 노력으로는 불가능하기 때문이죠. 그러므로 강자는 '자리이타'로써 약자를 이끌어 진화시키고, 약자는 '강자를 본받아서 어떤 어려운 일이 있더라도 진보하여 가는' 노력이 필요합니다. 그렇게 할 때만이 개인이나 가정, 나라와 세상이 변할 수 있죠.

세상에 모든 면에서 강자는 없습니다. 어떤 면에서는 강자이고, 어떤 면에서는 약자죠. 그러므로 우리는 강자로서의 위치에서는 사리사욕을 채우는 일에 급급하지 말고 '자리이타'로써 약자를 보호하고 이끄는 노력을 하고, 약자로서의 위치에서는 타인에게 의뢰생활을 하거나 원망하지 말고 스스로 발전하고자 하는 노력을 쉬지 않아야 합니다. 그래야 개인이든 가정이든 세상이 변하고 발전하며 모두가 강점이 많은 존재로서 행복하게 살아갈 수 있죠.

한편으로 더욱 나은 세상을 위해서는 지도자의 역할이 중요합니다. 어떤 역할의 지도자를 잘 뽑는 것도 중요하지만, 어떤 위치든지 지도자의 위치에 있을 때 그 역할을 잘하는 것이 세상을 변화시키는 원동력이 될 수 있죠. 가정에서 부모나 학교에서의 선생, 직장에서 상급자를 포함한 어떤 지도자라도 언제 어디서든 지도인의 역할을 하게 될 때는 '지도인으로서 준비할 요법'으로 지도하면 이 혼탁한 세상에서도 우리에겐 희망이 있을 수 있습니다.

지도자는 '1) 지도받는 사람 이상의 지식을 가지고, 2) 지도받는 사람에게 신용을 잃지 말며, 3) 지도받는 사람에게 사리私利를 취하지 않으며, 4) 일을 당할 때마다 지행을 대조해야' 합니다. 이처럼 지도인으로서 역량을 갖추고 도덕성을 준수하며 그 역할을 해나간다면 세상은 분명 나아질 수 있죠.

정말 현재 세계 곳곳에 변화가 필요합니다. 어디에서부터 시작해야 할까요? 강약 진화상의 요법과 지도인으로서 준비할 요법으로 나부터, 내 가정부터 그 변화를 시작해보면 어떨까요?

69

고락의 원인과 고통을 벗어나는 길

사람마다 고통은 싫어하고 행복은 좋아합니다. 하지만, 많은
사람이 그 싫어하는 고통을 따르면서 좋아하는 행복에 자주 다
가가지 못하죠. 괴롭다 즐겁다 하면서 자신이 원하는 삶을 살지
못하고 끌려 다닌다는 겁니다. 왜 그럴까요? 원불교 대종사님은
그 원인을 다음과 같이 지적합니다. "1) 고락의 근원을 알지 못
함이요, 2) 가령 안다 할지라도 실행이 없는 연고요, 3) 보는 대
로 듣는 대로 생각나는 대로 자행자지로 육신과 정신을 아무 예
산 없이 양성하여 철석같이 굳은 연고요, 4) 육신과 정신을 법으
로 질 박아서 나쁜 습관을 제거하고 정당한 법으로 단련하여 기
질 변화가 분명히 되기까지 공부를 완전히 아니한 연고요, 5) 응
용하는 가운데 수고 없이 속히 하고자 함이니라."

그렇습니다. 어떻게 하면 괴롭고 어떻게 하면 즐거운지에 관한 지혜가 없고, 알면서도 실행을 못 하고, 몸과 마음을 마음대로 길들여 자기 방식으로 굳어버리고, 나쁜 습관을 고치거나 기질이 변화가 제대로 되기까지 공부를 완전히 하지 않고, 무슨 일이든지 수고 없이 쉽고 빠르게 구하고자 하니 '낙을 버리고 고로 들어갈 수밖에' 없죠. 고통을 줄이고 행복한 삶으로 나아가는 방법이 있습니다.

첫째는 고락의 원인을 알아서 고통의 원인은 제거하고 행복의 길로 나아가면 되죠. 행복하려면 지혜가 있어야 합니다. 지혜가 없으면 욕심이나 습관, 업장이 우리를 흔들고 끌고 다니기 때문이죠.

둘째는 아는 걸 실천해야 합니다. 지도를 들고 있다고 산에 오를 수 있는 건 아니죠. 그러니 원하는 바, 아는 바대로 실천할 수 있는 마음의 힘이야말로 행복을 바라는 우리에게 정말 필요한 능력입니다.

셋째는 진리와 사실에 맞는 언행을 길들이고 열린 마음으로 유연한 태도를 가져야 합니다. 살아갈수록 많은 고통의 원인이 '자기 방식의 고수나 주장'임을 발견하게 됩니다. '내 방식만이 옳고 꼭 그래야 한다는 어떤 생각에 집착'하게 되면, 뜻대로 되지 않으면 고통스럽고, 주위 사람들과 불화가 잦을 수밖에 없기 때문이죠.

넷째는 진리를 표준 하여 나쁜 습관을 고치고 기질 변화가 제대로 될 때까지 노력을 쉬지 않아야 합니다. 수행이란 '끝나지 않는 길'입니다. 나아지고 나아지는 끝없는 길이죠. 허물을 고치고 널리 선을 행하는 '개과천선'이야말로 고통을 덜고 행복에 다가가는 공식입니다.

다섯째는 무엇이든지 쉽고 빠르게 이루려는 마음을 내려놓아야 합니다. 빨리 얻으려는데 쉽게 되지 않으면 화가 나고 불평불만이 생기죠. 그러니 무엇이든지 '공짜는 없다'는 심경으로 정당한 수고로움을 기꺼이 감수하면서 될 때까지 정성을 다해 노력하는 일이 필요합니다.

사람들이 그렇게 바라는 고통을 피하고 행복을 불러오는 법, 특별한 묘안은 없습니다. 인과의 이치를 따라 행복에 다가가고 고통에서 벗어날 상황을 만드는 노력밖에 다른 수가 없죠.

70

✿

병든 사회와 그 치료법

　오랜만에 만난 지인이 물었습니다. "대종사님께서 이 시대에 살아오신다면 무슨 메시지를 줄 것 같아?" 글쎄요. 어떤 메시지를 던져 주실까요?

　아무리 생각해봐도, 어쩌면 과거 어느 때보다도 절실한 과제가 '물질이 개벽되니 정신을 개벽하자'가 아닐까 싶습니다. 지금 세상에서 일어나는 많은 비리나 이권 다툼의 기저에는 인생의 진정한 가치를 알지 못하는 무지에서 비롯된 욕심이 자리하고 있죠. 유한한 인생을 가치 있게 살아가고자 하는 진지한 성찰 없이, 자신의 안위와 욕심만을 차리며 영원히 살 것처럼 살아가는 모습이 참 안타깝습니다.

　도대체 노블레스 오블리주, 가진 자의 도덕적 책무는 어디로 간 걸까요? 무엇이 우리를 이렇게 어리석고 불행하게 이끄는 것일까요?

대종사께서는 세상이 병들었다 하셨습니다. 너나 할 것 없이, 세상이 병이 들었으니 스스로 자각해서 함께 극복해야 함을 역설하셨던 거죠. 1924년원기9, 교단 초기 『불법연구회 규약』에 '병든 사회와 그 치료법'을 제시합니다. 그 당시 세상은 '각자가 서로 자기 잘못은 알지 못하고 다른 사람의 잘못하는 것만 많이 드러내며, 부정당한 의뢰 생활을 하며, 지도받을 자리에서 정당한 지도를 잘 받지 아니하며, 지도할 자리에서 정당한 지도로써 교화할 줄을 모르며, 또는 착한 사람은 찬성하고 악한 사람은 불쌍히 여기며, 이로운 것은 저 사람에게 주고 해로운 것은 내가 가지며, 편안한 것은 저 사람을 주고 괴로운 것은 내가 가지는 등의 공익심이 없는' 등의 병이 깊었죠.

그래서 그 병을 치료하는 처방으로 '자기의 잘못을 스스로 조사하며, 부정당한 의뢰 생활을 하지 말며, 지도받을 자리에서 정당한 지도를 잘 받으며, 지도할 자리에서 정당한 지도로써 교화를 잘하며, 자리自利 주의를 버리고 이타주의로 나아갈 것'을 제시하고 광대무량한 낙원의 비전을 제시하셨죠.

그 후로 90여 년이 흘렀습니다. 세상은 지금도 온통 깊은 병으로 헤어날 줄을 모르고 있죠. 남들이야 어떻게 되든 자신의 안위만 지키면 되고, 예의와 염치를 불고하고라도 상상할 수 없는 수단과 방법으로 사욕을 채우기에 급급하죠. 어쩌면 좋을까요?

너나 할 것 없이 마음의 힘을 키워야 합니다. 인과를 믿고 존재와 현상의 실상을 제대로 아는 지혜를 밝히고, 욕심을 줄이며, 정의를 수호하고 불의를 과감하게 떨쳐내는 생생하게 살아 숨쉬는 실천의 힘 말이죠. 그래야 이 병든 세상이 바로 설 수 있습니다.

그렇게 자신의 의무와 책임을 다하며, 공짜를 바라거나 의뢰생활을 하지 않고, 사소한 일에도 감사하며, 사람으로서의 소중한 가치를 지켜내야 하죠. 지도받을 자리에서나 지도할 자리에서 이러한 도를 지켜나간다면 세상의 병은 자연스럽게 치유되고 우리가 모두 함께 행복할 수 있습니다.

'병든 사회와 그 치료법', 그 어느 때보다도 절실한 가르침이 아닐 수 없네요.

71

정신과 육신,
공부와 생활이 더불어 온전하게

세상에는 정말 많은 종교가 있고, 그 종교적 교의에 따라 신앙생활하는 모습 또한 매우 다양합니다.

구원이 하느님의 말씀과 교회에 있다고 믿는 분들은 가능한 한 성경을 많이 읽고 교회를 자주 찾죠. 그래서 매일 새벽기도를 나가고 성경 말씀을 묵상하며, 주일 예배에 빠짐없이 참석하고, 그 외의 각종 활동에 참여하느라 교회를 자주 찾습니다. 구원이 하나님의 말씀과 교회에 있다고 믿기 때문이죠.

또 어떤 분들은 자신의 수행으로 깨달음과 자유를 얻을 수 있다고 믿습니다. 세속의 모든 가치를 내려놓고 은둔처에서 수행에만 매진하는 분들도 있죠.

그렇다면 원불교의 종교생활은 어떤 형태여야 할까요? 원불교를 잘 믿는다 함은 어떻게 믿는 것일까요?

교조이신 소태산 대종사께서는 '원불교는 생활종교'임을 분명히 했습니다. 종교란 삶을 빛내야 한다는 거죠. 다시 말하면 종교를 위한 종교가 아니라 삶을 위한 종교여야 한다는 겁니다.

새 세상의 종교는 수도와 생활이 둘이 아닌 산 종교라야 할 것이므로 법신불 일원상의 진리와 수양·연구·취사의 삼학으로써 의·식·주를 얻고 의·식·주와 삼학으로써 그 진리를 얻어서 영육을 쌍전하여 개인·가정·사회·국가에 도움이 되게 하자.

정말 그렇습니다. 이 대목에서 대종사께서 20세기 이미 기존의 많은 종교가 존재하는 상황에도 불구하고 원불교를 창시한 목적이 분명해지죠. 원불교에서 제시하는 진리와 공부법을 잘 배워서 그 법으로 의식주를 잘 해결하고, 편안한 의식주와 진리 공부로 깨달음을 얻고, 몸과 마음으로 개인 가정 국가 세계에 유익이 되게 하자는 것입니다. 원불교의 진리를 믿고 마음의 힘을 갖추어서 일상생활도 잘하고 자신도 행복하며 나아가서 세상 모든 이들의 행복에도 이바지를 하자는 거죠.

균형을 잘 잡아야 합니다. 신앙과 생활이 균형을 잘 잡는 거죠. 종교에만 몰두하여 생활을 등한히 해서도 안 되고, 세속적 성취나 자기 삶만 잘 가꾸고 주위를 돌아보지 않거나 진리적인 삶을 외면해서도 안 되죠. 우리의 삶이 빛나고 낙원 세상을 만들어가는 신앙인의 모습이어야 하는 겁니다.

그러려면 종교생활을 정말 제대로 해야 합니다. 이 세상에 편만한 진리, 있는 그대로의 존재와 현상의 실상을 꿰뚫어 보는 통찰력과 마음의 힘을 갖추도록 종교 생활을 해야 하죠. 그런 힘을 갖게 될 때 모든 경계는 공부와 성장의 밑거름이 됩니다. 진리를 향하면 깨달음이 깊어지고, 삶에 비추면 삶이 빛나게 되는 거죠.

원불교에 입문했다고 해서 저절로 그런 힘을 얻을 수는 없습니다. 끊임없는 인생과 진리에 대한 관심과 실천과 돌아봄과 궤도 수정 등을 통하여 차츰차츰 나아가는 방법밖에 없죠. 여러분의 종교 생활 현주소는 어디입니까? 정신과 육신, 공부와 생활이 더불어 온전한가요?

72

법위등급,
원불교 공부인의 수행정도

벌써 10년 전의 일입니다. 원불교선으로 박사학위 논문을 쓰면서 원불교에 대해서는 잘 모르지만, 불교학적 지견을 가진 지인에게 제가 쓴 논문과 교전을 보여주며 '원불교선'에 관한 의견을 물었죠. 그때 그분의 대답이 참 인상적이었습니다.

"원불교에는 '법위등급'이라는 것이 있네요. 선을 실제로 수행한다는 것이 참 막막하고 어려운 면이 있죠. 원불교는 경전에 이렇게 수행 정도를 단계별로 밝혀놓았으니, 이 법위등급과 원불교선을 결부시켜 정리를 해보면 좋은 논문이 되겠어요."

맞습니다. 원불교에는 '공부인의 수행 정도를 따라 여섯 등급의 법위'가 있죠. 보통급, 특신급, 법마상전급, 법강항마위, 출가

위, 대각여래위가 그것입니다. 자신의 현주소를 파악하고, 본인의 수행 정도에 따라 목표를 세운 후, 공부를 해 나가며 그 수행 정도를 스스로 또는 지도인의 지도를 통해 점검해 나가면 훨씬 추진력 있는 수행이 될 것은 자명하죠. 문제는 관심입니다. 얼마나 절실한가 말이죠.

보통급은 입문자의 단계로 남녀노소를 불구하고 '처음으로 불문에 귀의하여 보통급 10계문을 받아서 공부를 시작'합니다.

특신급은 특별한 믿음이 시작되는 단계죠. '모든 사업이나 생각이나 신앙이나 정성이 다른 세상에 흐르지 않는 사람의 급'입니다. 삶의 모든 관심사에 획기적인 전환이 일어나 세속적인 성공이나 욕망의 충족보다는 진리에 대한 굳건한 믿음으로 영성적 삶에 관심을 갖고 공부를 시작합니다.

법마상전급은 '법과 마가 싸우는 단계로 천만 경계 중에서 사심을 제거하는 데 재미를 붙이고 무관사無關事에 동하지 않으며 세밀한 일이라도 반수 이상 법의 승勝을 얻는 사람의 급'입니다. 말하자면 진리의 등불을 밝혀 사사로운 욕심을 제거하고 불필요한 일을 줄이며 부당한 행위를 멈추고 정당한 행위를 적극적으로 실천하는 단계죠.

그렇게 공부를 하다 보면, '육근을 응용하여 법마상전을 하되 법이 백전백승하며, 우리 경전의 뜻을 일일이 해석하고 대소유무의 이치에 걸림이 없으며, 생·로·병·사에 해탈을 얻는' 법강항

마위, '대소유무의 이치를 따라 인간의 시비이해를 건설하며, 현재 모든 종교의 교리를 정통하며, 원근 친소와 자타의 국한을 벗어나서 일체 생령을 위하여 천신만고와 함지사지를 당하여도 여한이 없는' 출가위, '대자대비로 일체 생령을 제도하되 만능萬能이 겸비하며, 천만 방편으로 자유롭게 교화하되 대의에 어긋남이 없고 교화받는 사람으로서 그 방편을 알지 못하게 하며, 동하여도 분별에 착이 없고 정하여도 분별이 절도에 맞는' 대각여래위에 이르게 됩니다.

여러분의 수행 정도는 어디쯤 자리하고 있나요? 남들이 알아주든 몰라주든 스스로 공부해가는 재미는 무엇으로 삼고 있나요? 그 맛은 어떤가요?

73

원불교 『정전』을 통해 빛나는 삶 되시길

    부산에서 택시를 탔을 때의 일입니다. '어서 오십시오'라고 반갑게 맞이하는 목소리부터 남다른 기사님이 저에게 '어찌하여 교무님이 되었냐?'고 물어왔죠. 원불교 가정에 태어나서 자연스럽게 성직의 길로 들어섰다고 말씀을 드렸더니, 자신도 어떤 분을 만난 후부터 삶이 완전히 달라졌다고 했습니다.

    그분을 만난 이후로는 늘 감사한 맘이 우러나고, 아프던 동생도 그분을 만나더니 건강을 되찾았고, 부인도 그분을 만난 후로 훨씬 편안하고 행복해졌다는 거죠. 이쯤 되니 그분이 궁금해지지 않을 수가 없었습니다. 그래서 어디 사는 분이신지, 뭐 하는 분인지 여쭤봤죠. 믿음으로 만날 수 있는 분, 바로 '주님'이셨습니다. 주님을 영접한 이후로 삶이 달라졌다는 거죠. 가능한 일입니다.

사람마다 인연이 있죠. 어떤 인연을 만나고 그 인연에 대한 믿음이 깊으면 기적 같은 일이 일어날 수 있습니다. 그만큼 마음의 위력이 대단하기 때문이죠. 마음을 한 번 돌이키면 '밝은 불이 어둠을 파함과 같이' 일시에 갑작스러운 변화가 일어날 수 있습니다.

원불교의 『정전』은 그러한 우리 마음의 실체와 마음이 작용하는 이치, 마음을 사용하는 방법을 알려주는 '마음 사용 설명서'와 같습니다. 『정전』은 알려주죠. 이 세상 모든 존재와 현상은 끊임없이 숨었다 나타났다 하며 변화한다고, 그 변화하는 모든 존재가 사실은 하나의 근원이며, 결국 우리 자신 또한 그 근원과 둘이 아니라고 알려줍니다. 그래서 변화하는 것으로 보면 성주괴공, 춘하추동, 생로병사로 시시각각 변화하지만, 길고 넓은 안목에서 보면 '거기서 거기일 뿐'이죠. 큰 차이는 없다는 거죠.

그러므로 우리 삶에서 일어나는 크고 작은 일들에 일희일비하면서 슬퍼하거나 괴로워하지 말고, 천지 부모 동포 법률이라는 없어서는 살 수 없는 은혜로 끊임없이 살리고 보호하고 이끌어주는 사은님의 은혜를 발견하고 깨달아 감사하고 보은하는 삶을 살라고 알려줍니다.

늘 깨어있는 마음으로 수양과 연구 공부로 우리 마음을 맑히고 밝히며, 그 마음의 힘으로 정의는 실행하고 불의는 떨쳐버리며 우리 자신만의 행복만이 아니라 이 세상 모든 생명이 함께 행복할 수 있는 길로 나아가도록 이끌어주죠. 일과 공부를 따로 보지 않고 정신과 육신을 둘로 보지 않으며, 생활 속에서 마음공부를 하고 마음공부를 통해 더 행복한 삶을 살라고 알려줍니다. 가정에서, 직장에서, 사회에서 각자 책임과 의무를 다하며, 은혜를 발견하고, 은혜를 나투며 살아가는 삶 속에 진정한 행복이 있기 때문입니다.

원불교 『정전』은 그러한 안목을 열어주는 경전입니다. 나의 본성과 세상의 실상을 깨우쳐주고, 더욱 나은 삶으로 이끌어주는 지혜의 지침서이죠. 우리가 처해있는 곳이 어디든, 무엇을 하든, 우리를 지혜롭게 이끌어줍니다. 이 『정전』, 마음 사용 설명서를 늘 가까이하고, 우리 마음을 환히 밝혀 처하는 곳마다 빛나는 삶으로 행복하시길 기원합니다.

삶을 빛내는 정전

인쇄	2017년 5월 15일 초판 1쇄 인쇄
발행	2017년 5월 19일 초판 1쇄 발행

저자	김준영(은종)

펴낸이	주영삼
책임편집	천지은
디자인	김지혜
본문사진	김준영

펴낸곳	원불교출판사
출판신고	1980년 4월 25일(제1980-000001호)
주소	전라북도 익산시 익산대로 501
전화	063)854-0784
팩스	063)852-0784

www.wonbook.co.kr

값 13,000원

ISBN 978-89-8076-294-1(03200)